デザインから考える障害者福祉

―ミシンと砂時計―

海老田大五朗

ラグーナ出版

はじめに｜本書で試みること

1.　日本理化学工業のデザイン

　　工場には大きな砂時計がいくつも置いて
ある。文字盤が読めない彼らのために、こ
の砂時計が使われているのだ。

　「原料の混錬では同じ品質を保つために
一定の時間でミキサーを動かさなければな
りませんが、時計が読めない社員も多い。
そこで、時計が読めなくても正確な時間を

写真1　砂時計
（日本理化学工業HPより）

計れるよう砂時計を用いました。混錬の機械のスイッチを入れたらまず砂
時計をひっくり返し、砂が落ちたらそのスイッチを切る。どんな社員でも
間違えることがなくなりました」（小松2017：36）

　日本理化学工業は、日本のトップシェアを誇るチョーク会社である。この会
社を有名にしたのは、障害者雇用を通じてであるといってよいだろう。日本理
化学工業では、全従業員84人中、62人の知的障害者（26人の重度障害者を含む）
が働いている[1]。大山泰弘前会長による著作（2009、2011）、経営学者の坂本光
司による『日本でいちばん大切にしたい会社』（2008）シリーズの最初の著作
（の最初の章）での紹介、ジャーナリストである小松成美の取材によって書かれ
た『虹色のチョーク』（小松2017）。その他TVなどのマスメディアでも数多く
取り上げられ、障害者雇用の伝統ある優良企業として紹介されてきた。

---

1)　日本理化学工業ホームページ参照（https://www.rikagaku.co.jp/handicapped）（2019年2月現在）。

　この日本理化学工業には数多くのドラマがある。そのなかでも筆者が注目したのは、「材料を練る時間を計るときに、時計の代わりに砂時計を使用する」というような話、つまり作業や道具のデザインについての話である。日本理化学工業では、知的障害者たちの理解力に合わせて作業環境を設計することで、知的に障害がある者が従事したとしても、ある特定の作業が可能になるように作業工程が設計されている[2]。

　このような話からシンプルに導けることの一つは、「障害者が働けるか働けないかは、工夫や設計次第、つまりデザイン次第である」ということだ。

2. デザインの力

　　特別に魅力的というわけではなく、機能も限られていることが多く、価格は非常に安い。だが、そんなデザインが人間の生活を変え、時には命を救う力さえ秘めているのだ。(Bloemink 2007=2009：13)

　この引用文は、一読するとデザインの意義を大袈裟に述べているように思えるが、日本理化学工業で使用されている砂時計を見れば、決して大袈裟ではない。本書で検討したいことは、まさに障害者福祉におけるデザインである。

　それにしても、デザインとは何であろうか。ローソーン（2013=2013:16-49）によれば、「デザイン」とは、商業的使用が定着する以前には、「技術上のディテール」であり、「機知や良識common sense」であり、「創意工夫[3]」を意味していたが、このデザインという多面的で豊かな概念が、「スタイリング」「エンジニアリング」「プログラミング」「アートディレクション」といった商業的使用によって格下げされ、矮小化されているという。本書で用いているデザインと

---

2)　大山（2009：78-81、2011：53-55）、坂本（2008：51-53）、小松（2017：34-37）を参照。

3)　樫田（2019）は自身の研究を振り返り、障害者の日常生活における「工夫」に着目したこと自体は社会学的にもエスノメソドロジー的にも有意義なものであったと自己評価しつつ、「工夫」という表現を維持し続けたことに関する反省を述べている。この樫田の主張について、筆者は、前者については同意するが、「工夫」という表現を異なる方法で手放している。樫田は「工夫」を「文化」のような、より広範な枠組みで回収することを示唆している一方で、筆者は実践に差し戻しつつ詳細に分析していくことで「工夫」という表現を手放そうとしている。

は、狭義の商業的意味で用いず、障害者の福祉を可能にする「技術上のディテール」「機知や良識」「創意工夫」のことであり、当該障害者の「特性や抱える困難に配慮を示すような形で、実際の労働が可能になるような微調整やその組み立て」を指している。

　念のため述べるが、本書ではデザインの狭義の商業的意味を退けたいわけではない。奈良市に「ぷろぼの」という就労支援系の障害者支援施設がある。ここでは主にＩＴに関する訓練や中古ＰＣおよびＰＣパーツ販売など、ＩＴ事業を中心に支援を展開している、デザイン的アイディアのあふれた障害者福祉支援事業所である。「ぷろぼの」では、以前に科学雑貨作家のKakusanと共同でかわいい科学雑貨の制作グループ「サイ◇コロ」を立ち上げ、「科学標本ブローチ」（写真２）などを製作していた。これだけでも十分に興味深いのだが、このブローチをある生物科学系の学術集会で販売したところ、持っていった商品があっという間

写真2　科学標本ブローチ

に完売したという。地域のデザイナーとのコラボレイトによってヴィジュアルデザインないしプロダクトデザインされることで、一般流通に耐えうる商品を作ることができるようになり、ブランディングから販路のデザインまでも工夫することで、いわゆる工賃アップ[4] から新商品の製造、障害者の働く場の開拓まで、さまざまなことが可能になっている。

　また、須永（1997：182）によれば、「見える対象であれ、見えない対象であれ、そのはたらきに形を与えることがデザインである。人工物の上に与えられた形は、それが視覚的な形であれ聴覚的な音声であれ最終的に利用者に知覚と解釈が可能なものとなる。しかし、デザインの対象として人工物に形成された、

---

4)　工賃とは、一般企業などで働くことが困難な障害者が日中に通う、以前には「作業所」と呼ばれた就労継続支援Ｂ型事業所などで、訓練作業によって生じる成果報酬のことである。どのような訓練作業を行うかは事業所によるが、箱折や袋詰めのようないわゆる内職作業からパン作りのような食品製造や加工、農作物の生産から独自製品の製造までさまざまである。訓練作業によって生じる成果報酬なので、労働の対価としての賃金とは区別される。そのため工賃は、各県によって定められている最低賃金額が基本的には保証されない。厚生労働省の調べによると、2017（平成29）年度の就労継続支援Ｂ型事業所の工賃全国平均額は15,603円（月額、時給換算だと約199円）である。

物理的な形状や色彩や記号、そしてそれらの変化は、それ自体が客観的で普遍的な意味をもたない。たとえば、テーブルは、大人にとっては食べ物や新聞を置く場所であるが、テーブルの上が見えない一歳の子どもにとっては下に入って遊ぶ場所となる。デザインは、むしろ、人工物のはたらきと人間とのかかわり合いを規定し、そのかかわり合いのパターンを人工物の形に還元する行為だといえる」。

このように、デザインはさまざまなところで定式化されており、そのような定式化を参照することでデザインとは何かを考えることはそれほど難しくはない。難しいのは「何を記述すればデザインを記述したことになるのか」である。次章ではこの問題について検討していきたい。

3. 障害者福祉の問題群

障害者福祉についても少しだけ触れることにしよう。厚生労働省ならびに内閣府[5] によれば、身体障害、知的障害、精神障害の3区分について、各区分における障害者数の概数は、身体障害者（身体障害児を含む）436万人、知的障害者（知的障害児を含む）108万2千人、精神障害者392万4千人となっている。これを人口千人当たりの人数でみると、身体障害者は34人、知的障害者は9人、精神障害者は31人となる。複数の障害を併せ持つ人もいるため、単純な合計にはならないものの、国民のおよそ7.4％が何らかの障害を有していることになる[6]。

他方で、こうした障害者の数を数えることに先立ち、障害についての研究では、「障害とは何か」「障害者とはだれか」「だれが障害であることを特定できるのか」「障害者雇用とは何か」といった、障害の定義や直接関係する重大な疑問そのものが研究対象になったりもする。障害（者）が定義できないかぎり、障害（者）をカウントすることはできない。日本においては、障害者かどうかは

---

5) 内閣府ホームページ参照（https://www8.cao.go.jp/shougai/whitepaper/h30hakusho/zenbun/siryo_02.html）。

6) なお、当該身体障害者数および知的障害者数は、「生活のしづらさなどに関する調査」に基づき推計されたものである一方、精神障害者数は、医療機関を利用した精神疾患のある患者数を精神障害者数としている。

いわゆる各種障害者手帳の所持によって規定されている。しかしながら、健常者と呼ばれる人びとと障害者と呼ばれる人びとの連続性や線引き問題について考えてみれば、「障害者手帳を持っているかどうか」だけで「健常者or障害者」を決定するのは、とりわけ行政手続き上の観点から簡略化をするという、特定の目的に即した決定方法である[7] ことに気づくだろう。これらの問題について皮肉な形で表面化したのが、2019年に全国各地で問題になったいわゆる「障害者雇用水増し問題」[8] である。障害というものを手帳の有無によって定義したり、行政上の手続きを簡略化したところで、国や地方自治体、関連機関のような事務業務のプロフェッショナルですらこのような問題が生じている。それほどまでに「障害者とはだれか」という定義についての問題群は複雑である。

　障害の定義に関する有名な二つのモデル、個人（医学・治療）モデル The individual model と社会モデル The social model がある。これら二つのモデルは、「何が人びとを障害者にするのか」についての二つの観点を提示するという意味で定義問題に関わるものであるとともに、問題の解決に誰がどのように取り組むべきかについての責任問題を提起するものでもある。つまりこれら二つのモデルは、「障害があるかどうか」「障害者であるかどうか」は「個人の特性で決まる」VS「社会によって決定される」という対立（たとえばOliver1996：34、長瀬1999などを参照）を可視化するモデルでもある。

　ソーシャルワークの支援実践モデルとして社会福祉系の教科書[9] などに取り上げられるのは、治療モデル therapy model（支援としての治療）、生活モデル life model（支援としての生活環境調整）、ストレングスモデル strengths model

---

7)　こうした軽度障害者や、健常者か障害者のどちらかに割り振ることが難しい（いわゆる）「グレーゾーン」といわれる人びとと、行政上は障害者といわれないが相当生きづらさを抱えている人びとについての優れた研究も多数ある。たとえば秋風（2014）、堤（2019）などを参照のこと。

8)　厚生労働省が平成30年8月28日に発表した「国の行政機関における平成29年6月1日現在の障害者の任免状況の再点検結果について」という文書によれば、国の行政機関では障害者が6,867.5人働いていたことになっていたが、平成30年10月22日に厚生労働省より訂正があり、働いている障害者は3,445.5人減少して3,422.0人と確認された。実雇用率は2.49%から1.18%と、障害者雇用における雇用不足数は2.0人から3,478.5人となった。なお、障害者雇用義務制度の対象となる障害者は、法第37条第2項において、身体障害者、知的障害者又は精神障害者（精神障害者保健福祉手帳の交付を受けているものに限る）とされている。

9)　ここでは『新・社会福祉士養成講座8　相談援助の理論と方法Ⅱ（第2版）』（中央法規、2010）を参照した。

10

（支援としての強みの発見と活用）など、「支援がどうあるべきか」という規範的主張を含んだ実践モデルの話である。障害学や社会福祉学の領域では、これらのモデルが理論的問題、あるいは実践的問題として検討されてきた。

　こうした障害者福祉の問題群については後の章でも適宜触れていきたい。本書では、理論的対立を調停することもなければ、何か特定のモデルやアプローチ方法を支持したり、優劣をつけたり、批判することを主な目的としない。障害の定義を追究することもしない。政治的スローガンを述べたいわけでもない。「障害があっても働くべきだ、納税者になるべきだ」「障害者を無理に働かせるべきではない」というような、規範的主張をしたいわけでもない。もちろん障害者雇用や障害者福祉のマニュアル作成を目指しているわけでもない。本書で試みるのは、学術研究として、障害者福祉における支援実践、とりわけデザインが関わる支援実践を記述すること（に徹すること[10]）である。読み方によっては、障害者福祉における「デザインアプローチ」の試論書と受け取られるかもしれない。そのように読んでいただけるならば、筆者にとっては僥倖である。

4. 本書の構成

　本書は、序章および第1部と第2部、そして補論で構成される。序章は記述の信頼性を担保するため、学術的な内容になる。したがって学術研究については特に興味関心がなく、実践の記述にのみ関心をもつ読者は、序章をスキップし、1章から読み始めてかまわない。特に学術書を読み慣れていない読者はむしろそのほうが読みやすいと思う。そして最後に序章を読むと、本書が書かれた意図が理解されやすいだろう。

　序章では「何を記述すればデザインを記述したことになるのか」を検討する。先に述べた通り、先行研究において「デザインとは何か」を論じられることはしばしばあるものの、「何を記述すればデザインを記述したことになるのか」という議論は、なぜかそれほど多くはない。このこと自体がもっと議論されてもよいが、おそらくデザインについての多くの議論は、「どのようなデザインが望

10）このような研究方針や研究態度を、筆者はエスノメソドロジー、特にエスノメソドロジー的無関心（Garfinkel & Sacks 1970, Lynch 1993=2012など）から学んでいる。

ましいか」「どうすれば首尾よくデザインできるか」という観点から「デザインすること」そのものに力点があったり、「デザイン」という概念や捉え方を提起することに力点があり、デザインそのものが記述の対象にはなっていなかったのではないかという疑念がある。あるいは、デザインを記述しようとすると設計図のようなものになるのかもしれない。こうした疑問を織り交ぜながら、本書における記述の対象を特定していく作業をする。

　第1部では、ワークプレイスのデザインについて考察する。1章で作業と組織、2章で道具と協働、3章で労働時間のデザインをそれぞれ記述する。作業をデザインすることと組織をデザインすることは、障害者雇用における2大デザインである。1章では、作業デザインと組織デザインについて、そしてこれら二つのデザインの関係について、知的障害者の労働が可能になる方法を記述することで明らかにする。2章では、障害があっても使うことができるミシンがどのようにデザインされたのか、インタビューをもとに記述する。また、道具がデザインされるのは、障害者とデザイナーの協働によって成し遂げられることも示す。3章では、とりわけ精神障害者の労働が可能になるような労働時間のデザインについて記述する。一般に、精神障害者への配慮として最も重要とされるのが、労働時間の調整である。これがどのようになされるのか、東京大学先端科学技術研究センターが提唱する超短時間労働モデルと、本書の版元であるラグーナ出版における労働時間の調整実践について記述する。

　第2部では、支援者がつくり上げる関係のデザインについて議論したい。4章では地域との関係、5章では家族との関係、6章では障害者本人との関係のデザインについて記述する。就労移行支援や就労継続支援において、事業所と地域の関係づくりが重要であることに異論を唱える社会福祉関係者はおそらくいないだろう。問題はどのように地域との関係をつくるかである。この、就労支援施設であればどこでも抱える地域との関係づくりの課題について、ある就労支援を行っているカフェの実践について記述する。5章では、支援者や企業と障害者の家族との関係について記述する。家族は一般に就労する障害者の援護者であることが期待される反面、家族だからこそ生じてしまう問題もある。この点について指摘する。6章では、支援者側と障害者本人との関係づくりについて、意思決定支援を手がかりに記述し、検討したい。支援においてクライ

アント本人の意思を尊重することは、半ば常識である。しかしながら、意思決定支援と呼ばれる支援方法にはさまざまな難題が包含されている。こうした問題について、障害者福祉の支援実践者たちから提供されたケースをもとに、検討してみたい。

　補論は、今井優美に寄稿いただいた。筆者は今井の卒業研究指導教員であった。今井の研究は卒業研究ではあるが、世に問う価値のある研究ではないかと思っていた。本書出版を企画したときに、今井へ寄稿依頼し、本書に収録することを快諾いただいた。本書に今井の研究を収録した理由については、補論の解説で詳しく述べる。

5. 本書の想定読者

　筆者は四つの層の読者を想定している。最初の層は、障害者福祉に携わっている専門職者である。支援実践に携わっている人びとと対話するとき、しばしば学術書や教科書と実践の乖離を嘆かれることがある。そういった人たちにこそ本書を手に取っていただきたい。第2層は主に人文社会科学系の学生である。とりわけ将来の職業として福祉関連職を考えている学生は、本書を読んで支援実践におけるデザインという観点を学んでほしいし、福祉関連職以外の職業を考えている学生も、障害のある人とともに働くということについて考える契機にしてほしい。第3層は、主に社会福祉に関わる人文社会系の研究者である。本書をご笑覧いただき、大いにご批判賜れば幸いである。第4層は、実はこの層にこそ本書を最も読んでいただけたらと思っているのだが、これまで障害者福祉、あるいは障害者当事者と全くかかわりなく生きてきた人びとである。本書に触れることで、社会はどれだけ自分たちに都合のいいように、すでにデザインされてきたかが明らかになる。これに気づいていただけるだけでも本書を読む意義は十分にあると、筆者は思っている。さらにいえば、本書がデザインという切り口に注目する理由の一つは、まさに第4層の人びとを障害者福祉の世界へいざなうためでもある。なぜならデザインをする（あるいは語る、記述する）ことは、福祉専門職者や研究者やデザイナーにだけ与えられた特権ではなく、広く一般の人びとに開かれているからだ。私たちは、単なる素人である

かもしれないが、すべてデザイナーなのである。本書を読めばこの意味も理解
していただけると思う。

序章 | 何をどのように記述できればデザインを記述したことになるのか

　科学者としてわたしたちは、わたしたちの主題の文字どおりの記述を産出しようとする。記述するために、わたしたちは言語を組み立てる（もしくは、われわれの用法にあわせて言語を用いる）。わたしたちの言語から始めるのは粗雑なやり方であろうが、一つの規則が常に留意されていなければならない。それは，わたしたちが主題として取り上げるものは、それが何であれ記述されなければならないという規則だ。なんであれ、それ自身が［すでに］記述されてしまっているのでなければ、わたしたちが主題として取り上げるものはわたしたちの記述装置の一部として登場することはできない。（Sacks1963=2013：77　一部訳改）

　最適化 optimization の場合には、われわれは次のような質問を提起した。すなわち「すべての可能な世界（行為変数のうち許容可能な数値に達しているもの）のうち、どれが最良（基準関数の最大値）であろうか」と。すでに見てきたごとく、これは純粋に経験的な問題であるので、たんに事実だけを必要とし、またそれに答えるために日常的で叙述的な理由付けだけordinary declarative reasoning を必要とする問題なのである。

（Simon1996= 1999：145　一部訳改）

序-1. デザインを実践として記述する

　人びとの創意工夫というものは、意図的になされるものもあれば、特に意図せず場当たり的に、あるいはその場のひらめきで偶然的になされるようなものもあるだろう。調査研究において、前者の場合はその意図するところについて

のコメントをインタビューなどで取れれば事足りるが、後者の場合はデザイナーの説明だけでは不十分で、調査研究者の観察によって見いだされるものでもある。筆者は「デザインの記述」というとき、デザイナーの「作成意図／意図せざるもの」という区分によって議論が生産的になるとは思っていない。重要なのはデザインが「説明可能な・合理的な・だれでも利用可能な公的な（エスノメソドロジー[1] ではこの特徴を「アカウンタビリティ」と呼ぶ）実践として何を可能にしているか」であり、調査研究者がデザインのアカウンタビリティを、デザインが可能にしているものとの関連において適切に記述できるかどうかという点だと考えている。たとえばある高齢者施設で三味線を披露する慰問活動を考えてみよう。常識的に考えて、三味線を演奏することは、これすなわち人を支援することではない。三味線を演奏することが支援することと結び付けられるためには、三味線を演奏することが支援となるように（意図的に／非意図的にという区別を問わず）三味線を弾くための環境（三味線が聞きたいという高齢者からの突然のニーズへ応答するようにコンサートが開催されている、この三味線を演奏できる職員がその高齢者施設には偶然いたので出演料を捻出することなく演奏してもらえるなど）が調整・設計されているはずである。本書では、デザインのアカウンタビリティを実践に即して記述できればデザインの記述がなされている、とみなすことにしたい。

序-2. 最適化を志向した微調整としてのデザイン

さて、多くの障害者支援に従事する人たちによれば、サービス等利用計画や個別支援計画を立てることが支援の中心になりうるが、たとえ厳密にプランを立てたとしても支援実践においては微調整の連続である。そこでこの節ではひ

---

1) エスノメソドロジーとは社会学の一分野で、「社会のメンバーがもつ、日常的な出来事やメンバー自身の組織的な企図をめぐる知識の体系的な研究」（Garfinkel 1974=1987：17）である。ここでいう「メンバー」（Garfinkel & Sacks 1970）とは、常識的知識を適切に用いることにより、自然言語を使いこなして事態を記述できることを指す（水川2007）。日本語で読むことができるエスノメソドロジーの教科書としては、山崎（2004）、前田・水川・岡田（2007）、串田・好井（2010）、フランシスとヘスター（2004=2014）などがある。また、最新の動向を追ったものに秋谷と平本（2019）がある。

とまずプランとデザインの関係について考えてみたいと思う。サッチマン（1987=1999）は、すべての行為の流れ（コース）は、本質的なあり方で、物質的・社会的な周辺環境に依存したものだという状況的行為のアイディアのもと、プランが人びとの実践のもとで使用される場面を考察した。サッチマンによれば、個々の行為は「プランに従って」なされるわけではない。プランは、参与者にとって、次に起こることを予測する、あるいは生じたことを反省的に検討するためのリソースであると、サッチマンは「プラン」概念を再特定化した。

　たとえば就労移行支援実践において、次のような指摘を支援者は恐れているかもしれない。それは「計画を立てたが微調整の連続になるのは計画の立て方が悪いだけなのではないか」というものだ。このような指摘があったとしたら、プランとデザインの関係を考えるうえでは都合がよい。まず確認しなければならないのは、支援者とクライアント双方にとって重要なのは「計画の出来」ではなく、たとえば障害者福祉における就労移行支援では「いかにクライアントがスムーズに一般企業へ採用され、そこに定着するか」という支援上の課題に取り組む実践そのものである。このような支援実践に即した文脈では、評価を受けるべきは後者であって、前者ではない。障害者福祉における支援実践において、予測できない事態や逐次的に対応しなければならないことなどいくらでもあるだろう。実践が微調整の連続であるならば、その実践の微調整から学ぶべきことはたくさんあるはずだ。このような思索はクライアントと支援者、非雇用者と雇用者、人と道具の相互行為interactionという動的な概念を前提にしている。『デザインから考える障害者福祉』という本書のタイトルは、「デザインとはその都度の微調整であるがゆえに、とらえにくい実践ではあるものの、ここにこそ注目すべき点が溢れており、これまでの先行研究ではここが取りこぼされてきたのではないか」という指摘でもある。

　デザインはプランの失敗を補うこともある（海老田他2015, 2017）。たとえば機械の分解などのような事前に用意した作業をお願いしたいと思って雇用した人が、実はその作業ができなかったということは、障害者雇用の現場でよくある話である。プランという観点からいえば、これは「用意した仕事」と「採用された者の作業能力」の、マッチングの失敗ということになるだろう。事前計画が甘かったのかもしれない。しかしながら、当該障害者の特性と仕事環境と

の関係を最適化するべく微調整を行うことで、就労が可能になることなどいくらでもありうる（詳しくは1、2章参照）。「デザイン」とは、最適化実践であり、マニュアル作成志向やマニュアル通りの支援志向というより、「まずやってみる／やらせてみる」というチャレンジ志向の実践も含まれる。この含意は、健常者の作業学習的な秩序order（計画を立ててから作業を行うという順序order）と真逆の秩序（計画を立て終わる前にまずは作業をやってみるという順序）を許容するということでもあるだろう（詳しくは6章参照）。健常者間のみで共有されるような秩序とは別の秩序があると認めることが、障害者福祉を可能にするデザインの探究へとつながっていく。

序-3. デザインを語ることは不可能なのか

　グラフィックデザインの歴史や使用実践を研究している加島（2014、2017）は、「デザインを語ることは不可能なのか」という問いを立て、音楽やデザインを語ることを「その本質とは何か」（あの人はわかっている／わかっていない）といった点から評価したり、それによって他者を支配したりするのは止めることを提案する（2008：98）。「本質」とは、それが強く信じられているかぎり、おそらく誰も語ることができないものである。もし誰かがそれらしきことを語っても、「それは全てを語っているようで、実は一部でしかないのでは」と疑念が湧いてしまうからだ。したがって、とりあえずは「本質主義」的な態度を解除することにより、デザインを語ることの可能性を、少しずつ拡げていくことが重要なのだと、加島（2008：98-99）は述べている。つまりここでは、デザインの語り方として、「本質主義的ではない語り方」が提案されている。

　こうした議論をふまえて医療的な語彙を借用するならば、デザインとは、ある問題や課題に対する対症療法であって、根治療法ではないということになる。実際、障害者福祉文脈として、障害というものは身体、知的、精神（発達含む）のどの障害も、完治するのは圧倒的少数である。加島（2008：131）のアイディアを参照するならば、デザインを記述することは、決定的な語り口や確実な答えがない「社会」を生きていくための、そして私たち自身の「根拠のなさ」や「終わることのない不安」とつきあい続けていくための方法論でもある。

　それでは、私たちがデザインを語ろうとするとき、まずはどこへ着目すればよいのだろうか。サイモンは次のように述べている。

　　現実の世界の問題解決システムやデザイン手続きは、たんに構成諸要素から問題の解を集めるだけでなく、それらの適当な組み合わせを探索しなければならないのである。（Simon1996＝1999：148）

　したがってサイモンの指摘に従うならば、本書では単なる問題解決というより、既存の解の負の帰結をも考慮した代替案の探索がなされる（とりわけ5章を参照）。

序-4.　なぜデザインや協働実践に着目するのか

　障害をめぐる議論は、「障害者のノーマライゼーション（＝統合）」か「障害は個性（＝異化）」という二者択一的な論争になりがち[2]だ。この二つの立場は、効率性や生産性を優先する健常者中心のマジョリティ社会に対して、変革を迫るか、オルタナティブな社会を構築するのかのどちらかであり、いずれもマジョリティ社会に抗するという態度は同じである。しかし筆者はいずれの立場を選択するものではなく、マジョリティ社会の問題を指摘することを目的とするわけでもない。この社会の内部で、しかも利益を追求する一般企業などの組織の中で、障害者がいかに生き抜いていくか、健常者が障害者とどのように付き合っていくかという疑問は、障害者の困難に配慮された、健常者との協働作業としてのデザインにおける実践上の課題である。このように考えるならば、デザインの記述に徹する構えは、（同化／異化という図式では取り逃されるかもしれない）マジョリティ社会において障害者が生活する可能性の基盤を描き出すことにもなるであろう。
　障害者支援のデザインに着目するということは、協働実践に着目することを含意する。たとえば、支援者の作業改善を促すメモに「両手が使えるようにな

---

2)　こうした対立を乗り越えるような試みとして、秋風（2013）がある。また、マジョリティ社会についてのすぐれた考察として綾屋らの研究（2018）がある。

れば」「指示があれば」という覚書があったとする。この覚書は、まさに支援者
とクライアントの協働実践の達成の成果である。この覚書を遂行するためには、
支援者とクライアントのどちらが欠けても遂行できない。作業改善を促すとい
うような問題そのものが端的に発生しないからである。筆者が「デザインに着
目することは協働実践に着目することを含意する」というのは、まさにこの意
味においてである。あるいは、障害者の居場所をつくるという問題を考えてみ
てもよい。居場所づくりとは配置のデザインに他ならない。支援者が居場所を
つくったつもりでも、利用者が居場所と思えなければ、それは居場所とは言え
ない。逆もしかりである。居場所づくりというものは、支援者と利用者の、デ
ザイナーとユーザーの協働作業によって達成されるものなのである（詳しくは
1、2章参照）。ここでは、しばしば想定される「指導する‐指導を受ける」と
いう上下関係などを前提としていない。たとえば「指導」「治療」「介入」が生
じるためには、それらに先行して「指導」「治療」「介入」の対象であることを
可視化するための創意工夫や微調整、あるいは装置や道具があるはずだ（この
点について詳しくは3章参照）。本書で照準するのはこのような水準である。
　「デザイン」という考え方は、障害者福祉に生じる無用の対立をなくすための
一視点にもなりうる。「障害者‐健常者」「支援者‐被支援者」「雇用者‐被雇用
者」という対pair概念は、双方の利害や関心が根本的に相容れない「対立counter」
の概念としてしばしば言及される。あるいは障害者雇用主体としての「行政‐
民間」でもよい。たとえば「官か民か」という議論は、利用者たちにとっては
はっきりいってどうでもよい議論のようにみえるだろう。あるいは二項対立か
らの止揚といった弁証法的議論もありえるかもしれないが、デザインについて
の議論をそのように位置づける必要もない。障害者の一般雇用には、「経済的効
率性や生産性」と「障害者への配慮」という対立が埋めこまれているものとし
ばしばみなされている。実際そのとおりなのかもしれない。しかしながら、こ
の対立を調停する力、双方に最適化する力がデザインにはある（海老田2018a）。
何がどう調停されているのか、どのように最適化されているのか、これを記述
することが、本書（特に1、2、4章）でなされることである。

序-5. デザインの記述へ

序-5-1. デザイナーおよびデザイン研究者から学ぶ

　　デザインにとってどのような種類の論理が必要となるかを見出すもっと
も容易な方法は、デザイナーが慎重に推論しているとき、彼らはいったい
どのような論理を利用しているかという点を検討してみることである。

（Simon1996＝1999：135）

　デザイナーの寄藤（2017）は、ある時、結婚式場を併設するレストランのテ
ラスで結婚式を挙げたカップルが記念撮影しているのを見て、以下のような気
付きを得ている。

　　　式場の専属カメラマンが、「右足を一センチ右」とか「ブーケを拳ひとつ
　　分上」とか細かく指示をしていて、花嫁さんがだんだん疲れて、みるみる
　　表情が暗く曇っていくのが見てとれました。カメラマンはそういうふたり
　　のことはぜんぜん見ていなくて、一枚撮影しては、そのポラロイドを手に
　　周囲のスタッフと「もっとこうかな」と相談してるんです。
　　　カメラマン本人はすごく真剣で、一生懸命取り組んでいるんだけど、彼
　　が見ているのはカメラのファインダーばかりなんですよ。そして、いざ本
　　番の撮影になった時、「表情固いなあ、もっと自然に笑って」などと言って
　　るわけです。僕は、何かを作る上での肝心なところが抜け落ちているな、
　　と思ったんですね。（寄藤2017：25-26）

　ここで寄藤が示唆していることは、個別具体の詳細と一般抽象の往還をする
ことの重要性である。デザイナーである寄藤から見れば、カメラマンのいう「右
足を一センチ右」や「ブーケを拳ひとつ分上」という構図における配置の重要
性は十分に理解可能であろう。実際寄藤もこの点のみについて疑問を感じてい
るのではない。寄藤が疑問を感じているのは、この引用でいえば、「撮影時間が

花嫁の疲れに配慮されておらず、結果として『自然な笑い』（常識的に考えて、疲れている人間に自然な笑いを要請するのは難しい）を撮影し損ねていること」である。あえてこのケースをデザインという言葉を使用して整理すれば、配置のデザインにこだわりすぎて時間のデザインに失敗し、結果的に「花嫁」の写真撮影のデザインに失敗したということだ。個別見体にこだわりすぎて、写真全体に必要とされる抽象的なもの（自然さ）の引き出しに失敗したのである。

　加島（2017）は東京オリンピックのエンブレムパクリ問題を検討するにあたり、以下のように述べている。

　　　「見ること」と「概念を用いること」は結びついており、どの概念を用いて見るのかで、私たちの理解は変わる。既に知られている日常的な知識を用いることができれば、それと重ねてグラフィックデザインを見ることができる（中略）。

　　　日常的知識を参照することができなければ、そのデザインに与えられた説明を用いるか、その説明とは別に理解の手がかりを求めることになる。ここまでの意味において、デザインをどのように見るのかは、そこで用いる説明と不可分の関係にある。用いる説明を変えれば、デザインの見方も変わる、デザインはそういうものなのである。（加島2017：84-85）

　ここで加島が示唆していることは、グラフィックデザインを記述するときの方法の一つとして、「すでに知られている日常的な知識を参照することで、『デザインをどのように見るのか』の説明に用いられる概念の使用を記述する」（この点について２、３、４章参照）ことの可能性である。こうした加島の語法に引き付けるならば、本書のデザイン実践の記述が照準しているのは、「デザインを公的に説明可能・利用可能にしている概念の使用（＝実践）」である。

序-5-2.　デザインのよさを決定するもの

　木村（2002：125-126）によれば、現在世界各国で使用されている路線図のお手本といわれているのがロンドンの地下鉄の路線図である。ロンドンの地下鉄開通は1864年で、現在のロンドン地下鉄会社の開業は1890年と、とても長い歴

史がある。ロンドンの地下鉄が行ってきたサインシステムは、交通機関におけるサイン計画のお手本とされている。1908年に最初の路線図が作られた。これは一般的な道路地図に地下鉄の路線を配したものである。1920年の路線図では、それ以前の路線図から道路の表示を削除し、ロンドンの地理として理解を促すために、テムズ川を強調して描いている。全体的に地下鉄網が把握しやすくなっているものの、駅名の表示に苦労した様子がうかがえる。1931年にベック（BECK, Harry1902-1974）が手掛けた路線図（図1）は、必要とする情報をわかりやすく見やすくするための工夫が試されている。路線を水平、垂直、45度傾斜線で簡略化し、駅名を記述しやすくした。ロンドンの地理把握のためにテムズ川を配置している。ベックによる1933年の路線図は1931年のものをさらに明解にした。以後の路線図はこのフォーマットを継承し、現在もベックの路線図の方針を継承している。

図1　ハリー・ベックの「ロンドン交通公社の地図」(1931)

　ところでこの路線図の誕生の経緯は、相当に偶然的である。ハスケット(2002)は以下のように述べている。

　　公的な依頼を受けての制作ではなかったが（ベックはこの地図を自分の空き時間でデザインした）、この地図は大成功だった。これによって人びとはロンドン交通公社の全体のシステムを明確にあますことなく理解することができたのである。この地図はその後、世界中で模倣された。
　　　　　　　　　　　　　　　　　　　　　（Heskett 2002=2007：161）

　また、このチャート図[3] について、松田（2017）は「チャート図というものは、必ず漏れがあります。それは、大きな流れを一望できるようにしているからで、これも一種の抽象化と呼んでよく、ディテールはとばされます」（松田 2017：14）と述べている。つまりチャート図の評価は、ディテールの細かさや地図上の正確さによって決まらない。「何に対して最適化されたデザインなのか」によって決まる。したがってここで記述されるべきは、「何に対して最適化されたデザインなのか」である。

序-5-3. 最適化実践としてのデザインの記述

　　最適化問題The optimization problemとは、制約条件と両立しうる許容値の集合のうち、環境パラメータが与えられたとき、効用関数を最大化する命令変数を見出すことである。（確率的な場合には、「効用関数を最大化する」代わりに、たとえば「効用関数の期待値を最大化する」と表現してもよい）（Simon1996=1999：139　一部改訳）

　この最適化問題について、サイモンはダイエット問題を例に説明している（表1）。

---

3)　木村（2002：124）、Heskett（2002=2007：162）、松田（2017：12-14）など。

表1　サイモン（1996＝1999：140）による最適化問題の整理[4]

論理学的用語 Logical Terms	例：ダイエット問題
命令変数（手段）：求められる答え	一日の食事の量
固定パラメーター（法則）	食事の価格 含有栄養素
制約条件（目的）	必要栄養分
効用関数	ダイエットの費用（－）

＊制約条件
（一日2,000kcal以上摂らない、ビタミンやミネラルは最少限の必要量を摂るなど）は、
内部環境（ダイエット実践者の身体と一日の運動量）で特徴づけられる。
＊（固定）パラメータは外部環境（カロリー、ビタミン、ミネラルなど）で特徴づけられる。
ダイエット問題：制約条件と固定パラメータとを所与として、
効用関数を最大化する命令変数の値を見出せ。

　こうしたサイモンの定式化に対し、本書における最適化問題とは、研究対象の特性上特に何らかの数値を伴うような問題ではないので、「最適化＝厳密に最も適合する値を得ること」を意味しない。あるいはつねに効用関数（の期待値）を最大化する命令変数を見つけ出すことを目的としているわけでもない。本書において最適化とは、第一にサイモンや後述するような会話分析が使用するoptimizationの訳語であり、厳密な最上級を意味しない。本書における最適化実践＝デザインとは、あるデザインに関与する人びとにとって、関与者はだれであれ許容でき、だれによってもより望ましい創意工夫、配置、設計、調整の実践のことである。

序-6.　本書における研究方法

　アーティファクトにはそれを意味づける活動が随伴している。たとえば、道路は車が走ることを前提に舗装されている。歩くだけならばアスファル

4）　筆者によって、適宜改訳、補足説明してある。なお、原文と訳文では制約条件の例として「一日2,000cal以上摂らない」になっているが、例文とはいえ一日2,000calしか摂らないと人はすぐに死んでしまうので、ここでは2,000kcalに訂正しておく。

トの道は必ずしも心地よいものではない。ペンがペンとして機能しているのも、それがわれわれの指の形態という身体的特徴に対応しているからだ。アーティファクトと人間の関係を考えるとき、それらを人間から独立した「自律した物」として考えるのは誤りである。その意味はそれを使用するわれわれの活動の歴史の中に現れているのである。（石黒2001：59-60）

およそ全てのアーティファクト（人工物）には構造があり、秩序だっているので、あるアーティファクトを記述するとき、そのアーティファクトは何にのっとった構造や秩序を有するのかまでも記述の対象になるだろう。本書では、そのデザインを使用するわれわれの活動やその歴史と可能なかぎり切り離さずに記述する。

序-6-1. 社会福祉研究における「実践の中の理論」

デザインを記述する研究方法論を検討するにあたり、「質的研究は単なるケーススタディでしかない」という主張にも本書は抵抗する構えである。障害者福祉研究の草分けである大泉（2005）は、「個別」のなかに「普遍」が宿るというフレーズを好むことから、実践検討を単なる個別事例検討として扱っているわけではないことがわかる。筆者は、「個別」のなかに「普遍」が宿るというフレーズを本書で採用するわけではないが、本書は大泉が主張する「実践の中の理論」を記述する試みともいえるかもしれない。大泉は、従来の社会福祉研究が社会福祉本質論、社会福祉政策論、予備調査無き質問紙配布からのモデル構築といった実践無き研究であることを嘆き、「この実践は良い実践で、この実践は悪い実践」といった上意下達型の権威主義的、模範主義的実践事例の検討を批判し、「実践の中の理論」を記述する試みを提案した。

「実践の中の理論」を問題とするからには、具体的な個々の実践の外形だけではなく、その実践事実の内容とその性質に目を向ける必要がある。そして、そこにある利用者観（利用者の存在や要求・役割のとらえ方など）、援助活動の考え方（理論と方法など）、その職場運営の都合（業務遂行上の体制や条件、職員間の合意形成のあり方、それらを規定している慣行や慣

習）、職員なりの思い（仕事観や人生観、思想・文化の問題などを含む）などに注目する。（大泉2005：12）

　このような大泉の構えは、社会福祉研究において、支援実践についての質的研究のあり方を示す一つの主張とも読み取ることができる。本書が焦点化しているのは、数ある「実践の中の論理」のなかでも、「最適化実践の中の論理」である。「デザイン」が障害者と健常者の協働によって構築されることを考えれば、「デザイン」は誰もが理解可能で使用可能だという意味において、常に公的である。その公的なものの記述には、誰もが理解可能で使用可能という意味において、「普遍」性が埋め込まれているはずだ。本書が照準するのはこの水準である。

序-6-2.　デザインを検討することの社会学的意義

　ガーフィンケルのエスノメソドロジー研究というアイディアに起源をもつ会話分析が明らかにしてきた知見の一つに、「受け手に合わせた質問のデザイン」というものがある。会話分析を生み出したサックスは、「受け手に合わせた質問のデザイン」とは、「会話の参加者の1人が発言をするとき、その発言は、他の参加者が個別具体的な人（たち）であるという事実への考慮と敏感さを示すような形で、組み立てられデザインされることになる」（Sacks, Schegloff & Jefferson 1974=2010）と述べている。

　この「受け手に合わせた質問のデザイン」とは、個人の好みや嗜好、性格などに還元されるものではない（西阪2018など）。それは、質問をデザインするという人びとの実践において、これまで会話分析者たちが検討してきた「最適化の原則」[5]についての議論を読めば明らかだ。たとえば大震災の被災者が目の前にいたとしよう。その被災者には確実に家族がいたはずだが、今隣にはいない。その被災者に対し家族の安否を尋ねたいならば二つの尋ね方ができる。つまり

---

[5]　ところで、「最適化の原則」は「受け手に合わせたデザインの原則」によって破られることがあり得る。その意味でこの二つの原則は、一見すると同じことを述べているように思えるが、それぞれ独立に作動しうる。このことも含めて質問の「最適化の原則」と「受け手に合わせたデザインの原則」については、ボイドとヘリテッジ（2006=2015）が簡潔な紹介をしている。

「ご家族はご無事ですか？」（「安」を尋ねる）、「ご家族は亡くなりましたか？」（「否」を尋ねる）の二通りである。しかしながら後者の尋ね方がなされることはほとんどない。私たちの採用する多くの質問は、「yesで回答したほうが社会的に望ましい（と考えられている）」ようにデザインされている。言いかえるならば、(1) 同意の形式で答えられるようにするべし、(2) 社会的に望ましい内容を前提にすべし、という二つの要請を同時に満たすように質問をデザインすることでもある。災害の被災者に対する質問として「ご家族はご無事ですか？」「ご家族は亡くなりましたか？」の二通りの質問があるとき、前者の質問のほうがyesで回答した方が社会的には望ましい（「家族は無事だった」）。ここでの「ご家族はご無事ですか？」という質問は、被災者の心傷などに配慮されたデザインであるだろう。つまりこのデザインは、自然言語に習熟（Garfinkel & Sacks 1970）しているような人びとであれば、複数の要請に対して最適なデザインを選ぶ方法を知っており、誰でも使用可能であるくらいには公的なのである。その公的使用可能性について、「どのような手続きを踏むことで使用可能になるのか」の丁寧かつ詳細な分析や記述を試みる戦略を本研究では採用する。

序-6-3. エスノメソドロジーとデザイン

　個別性の高い実践には、個別性の記述を可能にする調査研究方法が相性がよい。エスノメソドロジー的エスノグラフィを打ち出す人も多く、その中にも「デザインを見よう」と主張するエスノメソドロジー研究者は多い。先述したように、会話分析ではそのスタート地点からすでに「受け手に合わせた質問のデザイン」について検討されてきたし、いわゆるワークプレイス研究（たとえば水川・秋谷・五十嵐2017）の系譜においても、『Fieldwork for Design』（2007）や『Doing Design Ethnography』（2012）という、近年出版された本もたくさんある。元々はサッチマン（1987=1999）に強く影響を受けた人たちが、Human Computer Interaction（HCI）、Computer-Supported Cooperative Work（CSCW）の研究として発展してきた分野である。エスノメソドロジーでいう「デザイン」には基本的に「ユーザー」がセット（秋谷2018）になっており、ユーザーとの相互行為によってデザインが可能になることを示してきた。本書では、ユーザーが基本的には障害者、デザイナーが狭くは支援者、広くは健常者全員ということにな

るだろう。

　秋谷（2010）はバトンとドゥーリッシュの議論（1996）を手がかりに、エスノメソドロジー研究者とデザイナーの関係のあり方について論じている。この問題を論じるにあたり、秋谷（2010：527）はまず、「彼ら（デザイナー）の分析的視点からフィールドについての物語をかたち作ること」がいかなる点で問題なのかという問いを立て、「事前に外部者（デザイナー含）による解釈枠組に準じた対象の理解・一般化・抽象化の手続きからは、当の場面で成員が行っている『やり方』のアドホック（即興的）かつ連鎖的な特徴が失われてしまう点にある」と述べている。

　この秋谷の指摘を本書の研究方針に沿うよう筆者なりに咀嚼して言い換えるならば、デザインをエスノメソドロジー的に研究するということは、事前に外部者による解釈枠組に準拠せず、当場面で実践者が行っているデザインの仕方や理解の仕方、つまり障害者福祉に携わる人びとの方法論を、そのアドホック（即興的）かつ連鎖的な特徴を、可能なかぎり損なうことなく記述することであるとなるだろう。

序-7.　小括

　本章では「『何を』『どのように』記述すればデザインを記述したことになるのか」を検討してきた。本章で検討したことを具体的な用語でまとめるならば、次のようになるだろう。障害者福祉現場で働く支援者や障害者雇用における同僚が、障害者の労働を可能にするデザイン（2章であればミシン、3章であれば勤務実績表といったモノのディティールも含まれる）と、デザインによって可能になった働き方（「何を」）を、福祉現場で働く支援者や会社組織における同僚と、障害のある人とが具体的な文脈で直面した課題を協働で解決する実践の詳細として記述し（「どのように」）、さらにはそこから見えてきた「論理」「理論」をもデザインのアカウントとして、個別具体の詳細と一般抽象の往還をしながら記述する。その際、「デザインをどのように見るのか」の説明に用いられる概念の使用、「そのデザインによって何が可能になるのか」という問題、最適化実践など、デザインをそれが可能にしたこととともに実践として記述する。

これらについて、とりわけ理論的（あるいは規範的）前提を先取りしないことが、本研究の記述方針ということになる。

「デザインと福祉」の組み合わせで想像されやすいのが、ユニバーサルデザインおよびインクルーシブデザインであるだろう。本書の研究方針をよりクリアにするために、本書とこの二種類のデザインとの関係を述べておこう。ユニバーサルデザインを検討するにあたり、村田ら（2006：8）は「デザインが『ユニバーサル』であることを謳うことによって、かえって隠されてしまうことが出てこないだろうか」という疑問を端緒としながら、「ユニバーサルデザイン」とは何であるのか、また、「ユニバーサルデザイン」の本来の意義はどこにあるのか、どのような問題点を抱えているのか、といった点を、できるだけ幅広い観点から目指している。他方、インクルーシブデザインとは、「これまで除外されてきた（エクスクルード）人々を包含し（インクルード）、かつビジネスの主流として成り立つデザイン」（平井2007:51）を意味するヨーロッパ発祥の概念である。さらに、ユーザーの「インクルード」とは、デザイン対象に含めるだけでなく、プロセスにおける参加を意味する。それは、「コ・デザイン」という言葉に代表されるように、デザインパートナーとしての参加である（平井2007：52）。つまり「インクルード」の含意は「包含と参加」である[6]。

こうした議論に対し、筆者は基本的に村田ら（2006）のもっていた疑問に同調しつつ、幅広い観点から考察するのではなく、「ユニバーサル」という論点をデザインの使用から切り離さずに考察する。これは「インクルーシブ」についても同様である。筆者はユニバーサルデザインやインクルーシブデザインが目指す方向性については、おおむね賛同している。しかしながら研究という営みにおいては、はじめに「何を記述すればデザインを記述したことになるのか」を考察する。次に、学術研究という枠組みの中でユニバーサルデザインやインクルーシブデザインを推奨するというよりも、「ユニバーサルな／インクルーシブなデザインはいかにして可能か」「どのような論理や手続きによってユニバーサル／インクルーシブと呼びうるのか」という問いに還元し、それらのデザイ

---

6) インクルーシブデザインについては、他にもジュリア・カシムら（2014）の議論がある。なお、「インクルーシブデザイン for ワークプレイス」とエスノメソドロジー的なワークプレイス・スタディーズ for ダイバーシティの異同については、海老田ら（2019）が口頭で報告している。

ンをある種の達成として扱い、実践から切り離さずに記述する方針をとる。

　障害者雇用や障害者の福祉を可能にするデザインは、障害者福祉研究者や社会福祉研究者、社会学者が発見するずっと前から、支援者や会社の同僚が、障害者との協働後に見いだしている。ならば研究者はそのデザイン実践から学べばよい。人びとの実践から学んだものを記述するのだ。

第1部　ワークプレイスのデザイン

1章 | 作業と組織のデザイン
～知的障害者の一般就労を可能にした方法の記述～

　ダストレス・チョークづくりには、知的障害者が1人でこなすには難しい工程がいくつもあったのです。

　たとえば、材料の配合。それぞれの色のチョークに使用する材料の種類を間違えず、重量もきっちり量らなければなりません。しかし、知的障害者にはこれが難しい。

　ある材料を100g混入しなければならないとしましょう。そのためには、秤の片方に100gのおもりを置き、それと釣り合うだけの材料をもう片方に盛ればいいのですが、知的障害者は数字が苦手なので、そもそも「100g」ということが理解できないのです。

（中略）

　ふと閃いたのが、交通信号でした。

　知的障害者たちは、駅の改札を出てから会社の門をくぐるまで、まったく1人で、交通事故にあうこともなくたどり着きます。そのためには、途中にいくつかある信号の識別がきちんとできていなくてはなりません。ということは、文字や数字が理解できなくとも、信号の区別、つまり、色の識別はできるということです。

（中略）

　なにか色を使った工夫ができるのではないか。

　まず考えたのが、材料の配合への応用でした。

　材料の重量を数字で把握しようとするから、知的障害者にとって難しい工程になってしまうのです。しかし、もし、材料が入っている容器の蓋の色とおもりを同じ色にしたらどうでしょうか？

　赤い蓋の容器に入っている粉を量るときには、赤いおもりを乗せる。青

い蓋のときには青いおもりを乗せる。秤の針が真ん中に止まったらＯＫ。
秤の他のところは決して動かさないこと。やってごらん。そう説明して、
ある知的障害者の社員をうながしてみました。すると、ちゃんと量ること
ができたのです。

　「ふつうはこうやる」という方法を教えこもうとしていたから、うまくい
かなかったのです。もしかしたら、私たちは健常者のやり方を押し付けて
いただけなのかもしれません。でも、その人の理解力にあったやり方を考
えれば、知的障害者も健常者と同じ仕事をすることができます。彼らが「で
きない」のではありません。私たちの工夫が足りなかったのです。

（大山2009：78-81）

1-1.　本章の目的と概要

　本章の目的は、障害者[1]の一般就労における雇用の促進および定着において、
雇用する側が障害者の特性や抱える困難に配慮する労働のデザイン、とりわけ
「作業と組織のデザイン」に焦点を定めて分析し、障害者を生産者として位置づ
けるための創意工夫の方法を検討すること[2]である。障害者の特性や抱える困
難をライルのいう「方法の知識」（1949=1987：27-33）という切り口（浦野2008
を参照）によって細分化し、その細分化された困難を克服するような「デザイ
ン」がどのように組み立てられているか、障害者のいる会社ではどのような組

---

1)　「障害」という表記について議論百出であることは筆者も認識しているが、本稿においては内閣府
　の障がい者制度改革推進会議で配付された「「障害」の表記に関する検討結果について」での結論
　に従い、暫定的に「障害」で統一している。

2)　本稿は第39回日本保健医療社会学会での口頭発表原稿に大幅な加筆修正を加えた、障害者の就労に
　おけるエスノメソドロジー（Garfinkel 1967）に特徴づけられたエスノグラフィ的研究（Randall et al.
　2004など）である。初出は海老田・藤瀬・佐藤（2015）であるが、本書に収録するにあたり、さら
　なる加筆修正を行い、執筆量のバランスを考えて単著にした。同僚である藤瀬と佐藤には一緒に調
　査現場へ同行してもらうなど、本研究に多大なる協力をいただいている。エスノメソドロジストは
　人びとの「方法」を研究対象とし、記述する。本研究においては、知的障害者を雇用するための雇
　用者側の創意工夫や調整（≒デザイン）が、知的障害者を雇用するための実践的な「方法」である
　ことに着目し、その記述を目指している。デザインとエスノメソドロジーの関係、より詳しく言う
　と、デザイナーとエスノメソドロジストの共同作業によるものづくり全般の関係については秋谷
　（2010）を参照。

織の「デザイン」がなされているのかを検討する[3]。

　本章では、Ｉ社のＢさんの労働について考察する際になされた創意工夫を、それぞれどのような問題に対する工夫かに応じて、それぞれ「作業デザイン」「組織デザイン」とよぶ。

　冒頭の引用にあるように、知的障害者を多数雇用しているチョーク製造会社の日本理化学工業株式会社では、知的障害者が理解できない「100g」という数字を用いず、「おもりの種類」や「おもりの色分け」によって、チョーク作りにおける「材料分量の計量」や「材料の配合」を可能にした（大山2009：77-82）。こうした障害者の特性や困難に配慮された「おもりの種類」や「おもりの色分け」による作業方法の微調整こそが、ここでいう「作業デザイン」である。

　シロタら（2005=2006：198-208）は、社員の仕事の種類に対する三つのプライドの源として「生産性の高い仕事をする」「価値ある能力を生かす」「重要度の高い仕事をする」を挙げている。しかしながら、その職務を組織化したり、人を配置するのは会社であり、管理職であり、一従業員の範疇ではない。言い換えるならば、「組織デザイン」についての裁量は雇用主側の範疇である。「デザイン」には日本語の「配置」という意味もあり、「障害者をどこの部署へ配置するのか」といった組織化に関する微調整やその組み立てを、ここでは「組織デザイン」とよび、本章で検討する。

　次節では障害者雇用の困難についての先行研究を確認し、3節では本研究の調査協力者を紹介する。4節では調査協力者へのインタビューデータに基づき、ある知的障害者（以下Ｂさん）の雇用された流れを確認したうえで、Ｂさんの特性に配慮した労働作業の「デザイン」を分析する。5節では本研究から得られた知見を確認し、本研究と先行研究との関係を検討する。6節ではまとめとして、本研究を関係対やカテゴリ[4]という点から振り返り、労働の「デザイン」は何を可能にしたかを検討する。

---

3)　本研究の結果を「雇用する側」へ広く提供することによって、障害者一般雇用の促進や定着率の向上に貢献することが最終的な目的となる。

4)　関係対やカテゴリーの分析については、Sacks（1972=1995）などを参照。

1-2.　先行研究

1-2-1.　障害者雇用の困難に着目した先行研究

　障害者雇用の困難は大きく二つに分類できる。一つは「障害者にどのような仕事をさせるか」という採用に関わる困難である。橋本（2007）によれば、企業が障害者を雇用するときにためらう理由の一つとして、障害者雇用の経験がないままに「障害者が行える業種・業務内容がない」（2007：8）ことが挙げられている。本研究ではこのような、障害者の雇用を考えるうえで障害者に任せる仕事がなく、採用に至らない問題を「採用問題」とよぶ。本章では、この「採用問題」が主に「作業デザイン」によって解決可能であることを示す。

　もう一つの困難は採用された職場への定着に関する問題だ。障害者の職場への定着を考察するうえで、考えなければならない論点とはどのようなものであろうか。まずは障害者の離職理由と、いわゆる健常者の若者の離職理由を比較してみよう。埼玉県産業労働部就業支援課の調べ（2011）によれば、障害者の主な離職理由として、第1位が「人間関係がうまくいかなかった」（22.1％）、第2位が「労働意欲の減退」（18.1％）、以下「能力不足」（15.1％）、「病気・けが」（14.4％）、「仕事が合わなかった」（14.0％）、「事業の廃止・終了」（13.7％）などが挙げられている。独立行政法人労働政策研究・研究機構の調べ（2007）によれば、（いわゆる健常者の）若年者の離職理由のトップは「給与に不満」（34.6％）である。以下順に「仕事上のストレスが大きい」（31.7％）、「会社の将来性・安定性に期待が持てない」（28.3％）、「労働時間が長い」（26.9％）、「仕事がきつい」（21.7％）であり、第6位が「仕事が面白くない」（21.0％）、第7位が「職場の人間関係がつらい」（20.4％）となっている。この2種類の調査結果を比較すれば、特に「職場の人間関係」、「労働意欲の減退」が、障害者の離職理由として特徴的であるということがわかるだろう。本研究では倒産のような雇用側の経済的事由ではなく、人間関係の不調や労働意欲の減退、仕事のミスマッチによる障害者の離職問題を「定着問題」とよぶ。本章では、この「定着問題」が主に「組織デザイン」によって解決可能であることを示す。

1-2-2.「デザイン」を検討すること・方法を記述すること

　これらのような障害者雇用についての困難に対し、筆者が本章で考えたいのは次のようなことである。成功事例集などで採り上げられる障害者の一般雇用例は、困難を解決した独創的なもので想像力あふれる豊かな試みである。しかし、その成功事例で示された障害特性と仕事のマッチングをそのまま別の新しいケースに当てはめることは可能なのか。障害といってもその障害のありようは一人ひとり異なるし、会社での仕事も多種多様である。その組み合わせまで考慮すれば、もはやすべての事例が個別で独自の特殊事例である。あるいは、障害者雇用にはすべてのケースにおいて「他のケースを応用することの難しさ」があるといってもよいだろう。ある事例で「うまくいった方法」を他のケースで採用するとき、そこには何らかの機知や創意工夫、つまりデザインが必要となる。

　本章の方向は、成功事例集で成し遂げたい方向と同じ向き（障害者の一般就労促進）であるし、新たな創意工夫を確認するだけでよければ事例報告で十分である。しかし本研究では、成功事例を独創性の高い個別事例の美談（あるいは「Ｉ株式会社ではこうだった」という「内容の知識」）として消費するのではなく、より汎用性の高い記述を目指し、一般企業における障害者雇用を可能にする「技術上のディテール」「機知や良識」「創意工夫」について記述する。本章が目指しているのは、「Ｉ株式会社でなされている新たなデザインを発見した」と主張することではない。「Ｉ株式会社の実践に、すでに埋め込まれている『デザイン』」を記述することである。

　本章が「方法の知識」に注目するのは、「方法の知識」が天才的な独創性を発揮する人びとの独占物ではなく、誰でも利用できる公的なものだからであり、なおかつ文脈によってその使用を検討できるという、障害や一般企業における仕事の個別性・独自性にもセンシティブである[5]からだ。ライル（1949=1987：27）は「理知的であること intelligence」についての日常言語を分析し、日常生

5）　たとえばカレーライスを作る「方法」は、その「方法」を使えば誰でもカレーライスが作れること、誰でもその「方法」が利用可能であることを前提としている。つまり「方法」は公的である。他方で、実際にできあがるカレーライスは、その「方法」の使い方、つまり「いつ誰がどこでどのような材料を使い、カレーライスを作るか」という個別的な文脈に依存している。これが「方法は個別性にセンシティブである」と述べた意味だ。

活においては一般的に、人びとの知識量や習得する真理そのものよりも、人びとが知識・真理を得るための作業、真理を見いだしたあとにそれを組織的に利用する能力の方が重要とされていることを指摘している。筆者が明らかにしたいのは、むろん後者である。ある方法を文脈に即して適応させ、そこに埋め込まれた「機知や良識」や「創意工夫」こそが、筆者が「デザイン」とよぶものにほかならない。

1-3.　調査協力者について

　本研究では、障害者雇用に先駆的に取り組んでいる事業主に調査協力者となっていただいた。本研究のインタビュイー[6]は、ある計算機械の製造を請け負うI株式会社の雇用主、A社長である。A社長は大学卒業後、数年製造業で働いたのちに、会社を立ち上げる。I株式会社は「もっといい方法があるはずだ」という製造スローガンを掲げ、はじめは一室で始めた事業もその手腕により職域を広げ、現在は特例子会社を含めれば100人以上を抱える企業へと成長し、現在も業績は伸び続けている。雇用している障害者は約20人で約20％（全国平均は1.76％）で、高い障害者雇用率を達成している。知的障害を抱えるBさんは、A社長が障害者雇用に力を入れようと思い立って最初に雇用した障害者である。

---

6)　本研究に関し、I社以外の会社にも調査協力をいただき、合計7回、計22時間程度のフィールドワークやインタビュー調査を行っている。本研究に協力いただくにあたり、A社長に対しては口頭と書面にて本研究の目的を説明し、インタビューデータならびに写真の使用について、データ使用承諾書に署名を得ている。I社については、許容される箇所でのみ写真撮影も行った。他社については、インタビューのみならず、動画の撮影なども行っている。こちらのデータの分析については紙幅の関係上、別稿を期したい。なお本書における調査は、新潟青陵大学の調査研究に関する倫理審査を受け、承認を得ている（承諾番号：2013011）。

1-4. データと分析

1-4-1. 数を数えられなかった知的障害者のための作業のデザイン
(1) 雇ったことの反省

インタビューデータ[7] 1 「反省」

A　真剣に考えましたよ　真剣にこいつを雇用してしまったっていう自分の人を見る目も自分に反省したりね　だけど雇ってしまった以上はこいつを何とかしなくちゃいけないっていうそれぐらいの　本当に反省した中でじゃあどうしようっていうときの発想ですよ F　最初からこういう部署じゃないんですね A　ちがいますよ　苦労しましたからもう後悔しましたからねえ　だから担当者にも申し訳ねがったね　こいつ採用してっていったくらいですかららね

　I株式会社では、障害者雇用に力を入れようということで、知的障害を抱えるBさんを雇用する。しかし、任せようと思っていた廃棄部品の分別の仕事がBさんにはできず、また他の作業も「なにをやらせてもできなかった」。Bさんを雇用したことをA社長は後悔した。Bさんが数を数えられないということも雇用後にわかったことだ。それはお金の確認をさせていたときに判明したのである。お金が数えられない、目の前にあるお金の金額がわからない、要は合算できないのである。Bさんの扱いについて、A社長はあらゆる手段を尽くしても任せられる仕事が見つからず、途方にくれた。

(2) 逆転の発想

インタビューデータ2 「逆転の発想」

A　じゃあ　わかったと　苦手なことさせてみようっていう逆転ですよね

むろん、そのようなBさんに数を数える仕事などは、任せられるはずもない。しかしながら、Bさんがたどり着いた仕事は、部品の数を数える仕事、部品管理の仕事である。

Bさんに任された仕事とは具体的にいうと、ある機械を組み立てるための部品を作業者に必要な数だけ配布する仕事である。そこでBさんの抱える困

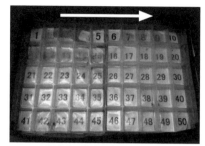

写真1　数字の書いてある箱

難に合わせてなされた工夫が、「底に50まで書いてある箱」を使用することだ（写真1参照）。A社長はこの箱を使用して、Bさんに「数字を読むこと」から教えた。数字というものは1、2、3という記号から成り立っており、数字には読み方があること、この箱に即していえば写真1の矢印（→）の方向、つまり「縦方向ではなく横方向」へ読むこと、またこの記号には「1の次は2、2の次は3……」というように、順番に規則があるということをA社長は教えたのである。

インタビューデータ3「ルール作り」

> A　そっからですよ　だからこういうもの作ればできるだろうっていうね
> 　　今までこのルールがなかったこの部品管理っていうものを　じゃ　ルール作ろうと

次になされた指導が「順番通りに一つの部品を一つの小箱の中へ入れること」である。そこで必要な部品、たとえばXという種類のネジを8個必要だとしたら、そのネジを1から順番に1個ずつ入れていくという「ルール」を、A社長は作ったのである。これにより、必要な個数の部品を生産ラインの作業者に配給する部品管理の仕事が、数を数えられなかったBさんにも可能になった。

(3) 特性と成長

しかも、この話には続きがある。まず、どの場所にどの部品があるかは、社

内でＢさんが最も早くアクセスできる。Ｂさんが扱う部品は1,000種類以上あり、ネジ一つにしても何百種類もある。写真２のように「ロケーション管理」（診断士物流研究会編　2003：86-90）された棚が、この棚の他に７列並んでいる。ここがＢさんの持ち場だ。この作業環境のなかで、どのネジがどの棚にあるかは、他の社員が探すとなると、ものすごく時間がかかるのだが、Ｂさんはどの部品がどこにあるのか、瞬時にわかる。

写真２　部品棚

インタビューデータ４「特性」

Ｅ	私からみると　一体どこに何の部品があるかなんて３か月くらいかかっても覚えきれないんじゃないかなんて
Ａ	いやあね　覚えたくないでしょ　面倒くさいでしょ
Ｅ	ははは（笑）

　このような特性を、Ａ社長は「（知的障害を抱えているわけではない）われわれにないすごい才能を持っている」と評している。さらには、この仕事を始めてから５年以上経った現在では、この箱を使用しなくても数を数えられるようになったとのことである。
　ここでは次のようなことも示されているように思われる。具体的な作業から切り離された形で個人に備わっていると想定される特性を把握し、それと適合するような仕事を与えるという、従来の「マッチング」図式における順番ではなく、個人の困難に合わせた作業デザインによって作業が可能になることで、具体的な作業のなかで新たに習得され・見いだされる「特性」もあるということだ。ここでは「具体的な作業に結びついた特性」という、拡張された「特性」の捉え方も示されているように思われる。

インタビューデータ5「成長」

A　まあねえ　彼なんかさっきねえ　ちゃんとここに入れてたんでしょ　黒い部品

あれね　俺らがいるから入れてたんですよ（中略）だから成長ってするんですよ

　筆者のような調査者が「底に数字の入っている箱を使用して作業をしているところを見たい」という期待があったことも、Bさんにはすべてお見通しだったのである[8]。

（4）数を数える方法の記述

　この作業デザインに用いられている方法の知識は大きく分けて二つある。一つは「数字を読むこと」についての方法の知識である。「1」は「いち」と発声し、「2」は「に」と発声するというように、「その数字記号は（日本語として）決められた音をもつ」という1対1対応を覚え、かつ1の次は2、2の次は3というように、「あらかじめ決められた数字が並ぶ順番」を覚える。この二つのことを（内容の）知識として覚えることによって、「数字を読むこと」の方法の知識が得られる。もう一つは「物を数えること」[9]についての方法の知識である。たとえば人びとが部屋のなかに本が何冊あるかを数えるとき、1という数字に対して任意の1冊の本を割り当て、2という数字に対して他の本を割り当てる。つまり「物を数える」方法の知識とは、まず「数える対象」を特定し、それに1という数字を割り当て、次にまだ何も数字が割り当てられていない「数える対象」に対して2という数字を割り当てていくということだ。

　この二つの方法の知識には、非対称関係がある。その関係とは、「数字を読むこと」は「物を数えること」についての方法の知識がなくても可能だが、「物を数えること」は「数字を読むこと」についての方法の知識がなければ成立しな

---

8)　このような労働を通した知的障害者の成長については、陳（2009）も「知的障害者を『成長、特に社会的成長の可能性が低い存在』として前提してきたのではないか？」（2009：18）と疑義を呈している。

9)　これについてはライル（1979=1997：93-4）の記述が大いに参考になる。

い。実際に本データにおいて、Bさんははじめに「数字を読むこと」を箱の使用に即して教えられ、次にその箱の中にある小箱に部品を一つずつ入れていくことを教えられた。つまり、写真1で示したような底に数字の書いてある箱そのものと、その箱の使用方法こそが、Bさんの抱える困難であった「物を数えること」を可能にするデザインになっている。さらにここでは、Bさんの「どの部品がどこに置いてあるかを瞬時に探り当てる」という特性[10] が発揮される。Bさんは、必要な部品を必要な数だけ数え、その部品を生産ラインへ供給することが可能になった。遂にはこの箱を使用しなくても必要な部品のネジの数を数えられるようになったのである[11]。

1-4-2. 数を数えられなかった知的障害者のいる組織のデザイン
(1)「障害者をリストラさせない」

インタビューデータ6「信念」

A　とにかく障害者をリストラさせないっていうものが私の最大の考え方なんで　だからみんな一緒なんです　どうしても会社って　障害者って一番最初の対象になるじゃないですか　簡単に言えばお荷物ですよね

　このA社長が障害者を雇用するにあたり、一つの信念があった。その信念とは、障害者を「仕事ができない」という理由で絶対にリストラしないということだ。社長が指摘するように、会社の論理としてリストラの対象となりやすい被雇用者、なりにくい被雇用者がいる。そして上記の語りが示しているように、障害者はリストラの対象となりやすい被雇用者に含まれてしまいがちだ。そこでA社長は障害者雇用に力を入れるにあたり、雇用者の責任として「障害者をリストラさせない」ことを信念（A社長のいう「最大の考え方」）として掲げている。

---

10) ただしインタビューにおいて、A社長はBさんが「ものすごく努力した」ことを再三主張していた。

11) しかしながら、「数を数える」方法の知識がすべてのことに応用できるようになったわけではないようだ。A社長によれば、「たぶん自分の年齢はいまだにわかっていないのではないか」とのことだ。

（2）生産者として位置づけるための組織のデザイン

インタビューデータ7「生産ラインでの配置」

A　そうならないためにも障害者をそういうポストに置くんですよね　だから彼なんかがいい例ですよね
E　はい　もう彼が抜けると
A　ああ　もう回らないでしょ
F　そうですよね　休まれると困っちゃいますもんね
A　うん　休まないしね　だからそういうところに置くことによってみんな一緒だと

　だが、A社長の信念がそうだからといって、データ6のように障害者が「お荷物」でしかないのであれば、同程度の給与をもらっている他の（健常者の）社員が納得できないであろう。あるいは、社長が他者に交代したとき、その信念が必ずしも受け継がれるとは限らない。つまり、何よりもまず「会社に貢献できる仕事ができること」「その会社にはその人が必要不可欠であること」が求められ、なおかつ他の従業員から見ても「お荷物」ではない調整がなされなければならない。そこでA社長が考えたのが、Bさんを生産ラインのどの位置に配置するのかという、配置の問題である。

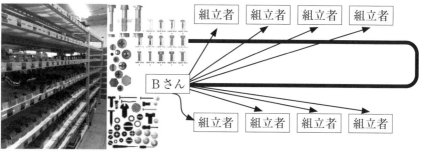

図1　Bさんの生産ラインにおける部品配給役割のイメージ図
（20130305フィールドノートをもとに作成）

　Bさんの業務の性質上、必要な部品を必要な個数、生産ラインの労働者に配給するという仕事は、まさに生産ラインの真ん中であり、Bさんが仮に休んでしまうと、生産ライン自体がとまってしまう（図1参照）。つまり、Bさんが配置されたのは生産ラインのまさに中核であり、Bさんが抜けると生産ラインが動かないことになり、他の従業員にとってもBさんが不在だと困る配置になっていることがわかる。さらには、このような配置をすることで、表立っては示されなかったが、暗に抱えていたかもしれない他の従業員の固定観念や不満を潰す狙いがあったと、A社長は語っている。

（3）必要な人材にするための方法の記述

　ここで検討したいのは、障害者を会社にとって必要な人材にするための方法である。インタビューデータ6と7を注意深く読んでみよう。A社長は「お荷物」という言い方をしているが、もちろん障害者であることが会社にとって「お荷物」なのではない。会社にとって「お荷物」なのは、その会社に必要ない人間であるにも関わらず、給与を支払わなければならないということだ。会社にとっては障害の有無ではなく、「会社にとってその人間は必要か不要か」というコードによって「お荷物かどうか」が選別される。そして障害者がリストラの「最初の対象になる」ことの理解可能性は、障害者が「会社にとって必要ない人間である」こととの結びつきやすさにありそうだ。

　では、I株式会社にとって必要な人材とはどのような人間か。I株式会社は製造業社であり、生産ラインに沿って、ある計算系機械の製造を行っている。したがってI株式会社にとって必要な人材の一人とは、「生産ラインをより効率よく動かせる人」といってよさそうである。一般的に生産ラインは分業体制に支えられている。本データに関していえば、I株式会社の生産ラインは主に2種の分業によって成り立っている。一つは部品を組み立てる作業であり、もう一つはその部品を配給する作業である。前者の作業については複数の従業員が複数の種類の組立作業に携わっているのに対し、後者の作業はBさん一人が担っている。後者の作業については、A社長はBさんこそが社内では最も効率よく配給作業をこなすことができると考えている。組み立て作業を行う社員は、Bさんの部品配給作業によって、自ら部品を探すという手間が省けるので、自分の持ち場を離れずにすむ。当然作業効率や生産ラインの生産率は向上するこ

とになる。Ｉ株式会社における生産ラインのＢさんの配置は、「生産ラインをより効率よく動かす」ための中核を担う作業への配置であり、さらにはＢさん一人が担う作業でもある。この配置は「会社にとって必要」な側への配置といってよさそうである。

　Ａ社長によれば、「お荷物」にならないための生産ライン上における配置方法の基本となるのは、本データがそうであるように、健常者である従業員が行う作業の「前に」障害者の作業を配置する[12]ということだ。Ｂさんが部品を配給しなければ、他の社員が部品を組み立てることはできない。このような配置をすると、自然と「障害者が仕事をしないと健常者が仕事できない」ことになる。このような配置によって障害者には作業の責任や作業スピードの大切さを感じさせる効果もある。

　この配置はＢさんの「必要性」が常にシビアに判定される一方で、Ｂさんが「十分な」働きができることを他の従業員に示す機会を与え続けている。そのような「障害者」の十分な働きが「健常者」の従業員にも示され続け、Ｂさんの働きが組織にとっての当たり前（＝ルーティン）となることによって、「障害者／健常者」というカテゴリー化もイレリバント（不適切）になる。

1-5. 本研究と先行研究の関係について

　本研究では、「障害者の労働はどのようにデザインされているか」という問いを立て、大きく分けて二つのデザインを分析した。一つは「数を数えられなかった知的障害者のための作業のデザイン」（以下「作業デザイン」）であり、もう一つは「障害者がいる会社での組織のデザイン」（以下「組織デザイン」）である。前者は「数字を読むこと」も「数を数えること」もできないという困難を抱えたＢさんが、底に数字を記してある箱を使用することで、必要な部品を必要な数だけ生産ラインに供給する作業を可能にした。後者については、誰もが

12）障害者の作業を健常者の作業の「前に」配置することの利点の一つとして、障害者が作業ミスをしても健常者がチェックできる配置になっているではないかと疑われるかもしれない。しかしながら、この可能性はインタビュー時にＡ社長によって否定されている。筆者は「チェック機能」を期待した配置になっているのかと尋ねた。するとＡ社長は、「そもそも障害者だから作業ミスをしてもよいという発想がうちにはない」と否定した。

必要と感じる生産ライン上の位置にＢさんを配置することで、Ｂさんが会社に必要な人材として配置する「組織デザイン」がなされていた。本節では「障害特性と仕事のマッチング」と本研究との関係、ならびに「ナチュラルサポート」と本研究との関係を検討する。

1-5-1.「障害特性と仕事のマッチング」と本研究との関係

　「採用問題」に対し、障害者雇用の成功事例集などでは、この障害特性と仕事のマッチングが解決策として挙げられる。適材適所と言われるように、障害特性にあった業務をその障害者に割り当てることで、障害者の雇用を可能にするという論理である。たとえば杣山（2011：76）によれば、大東コーポレーションは特例子会社を設立し、各種物品などの発送作業、給与明細書の仕分け・支店発送、請求書の折り・封入などの業務、名刺作成業務などを、知的障害者の仕事としている。この特例子会社の事業により、親会社の人事課の残業削減、外部発注していた名刺印刷費用の削減などで、結果的に1,000万円の利益を計上するに至った。また、新潟県産業労働観光部労政雇用課（2012：8）によれば、ある製造業者では、単純作業ではあるが細かくて時間のかかる資源分別作業を、「集中力が高い」と言われる知的障害者の担当業務としたことで、作業効率がアップしたとされている。

　本研究が、この「障害特性と仕事のマッチング」という論点に寄与するところは大きいように思われる。本データでいえば、Ｂさんには割り当て予定だった廃棄部品の仕分け作業ができないということが、Ｂさんを採用したあとで発覚する。採用後にマッチングの失敗が発覚したのである。マッチングがすべてであれば、Ｂさんは予定されていた廃棄部品の分別ができないと判明した時点で解雇されてもおかしくない。Ａ社長が単に信念を守るということであれば、解雇はしないが「Ｂさんに仕事を与えない」という処遇もありえただろう。しかしながらＢさんはどちらの扱いも受けていない。つまり、「障害特性と仕事のマッチング」やＡ社長の信念だけでは、障害者の「採用」や職場への「定着」を説明することはできない。Ｂさんのように、任せてみようと思っていた作業ができなかったという不測の事態はありうる。あるいは逆に、作業を覚えていくことでＢさんには他の仕事もやってみたいという欲求も芽生えてくるだろ

う。Ｉ株式会社では、Ｂさんの抱える困難や特性に配慮するような仕方で障害者の作業が可能になる微調整がなされていた。本研究はこの微調整を「デザイン」と呼び、その「デザイン」を方法の知識として記述した。

1-5-2.「ナチュラル」サポートと本研究との関係

　「定着問題」について障害者の雇用における企業側の研究を検討するとき、特に目を引くのが「ナチュラルサポート」という用語（Luecking et al. 1995；陳2009；障害者職業総合センター2008など）である。障害者が採用されたあと、その職場に定着するかどうかは「ナチュラルサポート」がカギを握っており、「特別扱いはせず、『同じ仲間』という意識を持つことが大切」（新潟県産業労働観光部労政雇用課2012:6）であり、これこそが障害者の雇用を可能にし、かつ定着率の向上につながっているという論理である。

　陳（2009）は知的障害者の一般就労継続における「ナチュラルサポート」についてのエスノグラフィ的研究を行った。調査対象となったある知的障害者は、会社の人間全員から就労は無理だと思われていたが、ある一人の会社員が支援を自主的に請け負い、社内関係への適応や会社のある地域への働きかけを通し、この知的障害者の就労を可能にしたストーリーが記述されている。大野呂ら（2004:85）は、「やりとり」に参加するスキルが職場での人間関係を左右することに注目し、その計量的研究を行っている。

　また、障害者雇用の「定着問題」を解決するものとして先行研究で頻繁に言及される「ナチュラルサポート」（たとえば陳2009など）とはどのようなサポートで、その「ナチュラル」さの内実とはどのようなものなのか。「ナチュラルサポート」について研究をするとき、その語彙に敏感な研究者であれば、この用語を取り扱うことの難しさに気付くだろう。「ナチュラルサポート」という用語は、障害者の就労支援研究の文脈では、ジョブコーチなどの「就労支援専門職者」ではない「一般の人びとの支援」、「労働外の支援」、「特別扱いしない支援」という意味で使用される。「ナチュラルサポート」は、厳密な定義や、使用される文脈が限定されると、その時点で「ナチュラル」さは薄らぎ、専門的でビジネスライクなサポートになるだろう。あるいは「就労支援専門職者」による支援以外の障害者に対するすべての働きかけを、「ナチュラルサポート」と呼べて

しまう。つまり、「ナチュラルサポート」に厳密な定義や使用文脈の限定をかけると、「ナチュラル」さが欠如するか、拡張しすぎるということが生じてしまう。「ナチュラルサポート」を研究の対象にするのであれば、あらかじめ厳密な定義を与えたり、使用方法を限定するのではなく、人びとが「特別扱いせず『同じ仲間』である」関係をつくることへ志向している支援実践を描きだすことが、「ナチュラル」の文法に沿った研究といえそうだ。

インタビューデータ8「障害者とはだれか」

A	ある意味うちの会社では誰も障害者だからってなんていう見方は多分してないと思いますね　今でこそは　じゃなきゃラインになんか入れられない
F	本当に社員の一人っていうか
A	ええじゃなきゃねえ　一緒に仕事なんてできないですよ

　本研究では、便宜上Bさんを知的障害者と記述したが、ある意味においてこの記述は正しくない。A社長によれば、I株式会社内では誰もBさんのことを障害者としては考えていない。A社長によれば、もし本当にBさんを障害者として同定しているならば、製造業の生命線である生産ラインに入れることはできない。つまり、Bさんに任された作業ができるようになることで、他の（とりわけ健常者である）従業員に接するのと同じように、Bさんは被雇用者の一人として自然（ナチュラル）に振る舞うことができるし、他の従業員も同僚の一人としてBさんに自然に接することが可能になる。A社長は、Bさんをはじめとするすべての雇用された障害者に、その内容にかかわらず、また内容が理解できないとしても、会議や研修への参加を義務付けている。健常者と区別されることなく自然と「そこにいること」が仕事なのだという。他の従業員に対して、「Bさんを特別扱いしないこと」を説得する意味もあったようだ。つまりI株式会社の実践とは、ノーマライゼーションの徹底であり、「障害者」を障害カテゴリーから「被雇用者」という雇用カテゴリーへ「自然」と移行させる、組織化された「技術上のディテール」「機知や良識」「創意工夫」である。A社

長や同僚の見方（障害者として見ず、社員として見る）と、Bさん自身の（社員として十分な働きを示す）実践の歴史とが相互に構成しあって「ナチュラル」さを作り出しているとも言えるだろう。

1-6.　まとめ

　本章のまとめとして、本データの語りを、関係対あるいはカテゴリーという点から振り返る。「障害特性と仕事のマッチング」などの「採用問題」を考えるとき、障害カテゴリーは当然のことながら執行されている。本データは、「数を数えられない知的障害者」が底に数字の書いてある箱を使用することで「部品分配の仕事」ができるようになるという話である。このとき、数字の読み方や数の数え方、作業のやり方を教えるA社長と、それを受けるBさんの関係は、健常者／障害者という関係対である。もし障害カテゴリーがBさんに対して執行されていないならば、そもそもこのような指導や工夫は必要とされない。他方で、「人間関係の難しさによる離職」のような「定着問題」で頻繁に取り上げられる「ナチュラルサポート」に関していうと、「ナチュラル」であるということは、本インタビューデータに即して言えば「だれも障害者だからってなんていう見方」をしないことであり、「みんな一緒」であるということだ。もちろん社長がそう言ったから即時に障害者カテゴリーが執行されていないと言ってしまうと、短略的ではある。本事例においては、むしろBさんが有給で20年近く働き続けている事実の方が、障害者カテゴリーがレリバントにならない（適切ではない）ことを担保している。ここまでくると、A社長とBさんの関係は、健常者／障害者という関係対ではない。つまりは障害カテゴリーのレリバンス（適切さ）は低く、むしろA社長とBさんの関係は雇用者／被雇用者という関係対、雇用カテゴリーが執行されていることになる。

　本研究で取り上げた労働のデザインは大きく分けて二つである。一つは「作業デザイン」であり、もう一つは障害者がいる会社での「組織デザイン」である。そしてこの二つのデザインが連続体であることを見てとることは、もはや

容易であろう¹³⁾。つまりこういうことだ。<u>「作業デザイン」は、Bさんを障害カテゴリーから雇用カテゴリーへ、障害者の特性や抱える困難を包摂しつつ変容させる装置であり、「組織デザイン」はその雇用カテゴリー執行を維持する装置だった</u>のである。

　こうした帰結は、「障害を個性とする」（総理府1995：12）ような、「カテゴリーを書き換えよ」という主張とも異なる。河野（2006：166-78）は、この主張の目的とするところ、つまり「障害を個性」と書き換えることで偏見や差別的待遇に変化をもたらすことができ、同時に障害をもった人が積極的な気持ちで人生を歩めるようになることについては慎重に同意しつつも、「この主張が障害者の不利益を改善するのか」という実効性への懐疑を示し、「個性」概念の濫用を指摘した。本研究は「障害を個性にする」という主張でもなければ、この主張の欠如した視点、実効性への懐疑や個性概念の濫用を指摘するものでもない。困難を抱えていても企業のなかで生産者として位置づけられるための創意工夫や微調整、つまり「デザイン」を記述することに徹した調査研究である。

---

13) あるいは「成長」することと「定着」することの関係を考えてみてもよい。Bさんは箱を使用しなくても部品管理ができるようになった。「成長」したのである。「成長」することで、I株式会社での居場所を確保したと言ってもよい。こうした職場への適応や居場所の確保が「定着」と強く結びつくことは理解可能だと思う。

2章　協働実践と道具のデザイン
〜障害者が使えるミシンはどのようにデザインされたか〜

　　人は道具の形態を「加工」することで、使用者の目的により的確に合致するものに洗練させていくことが出来るし、また、他者はその「加工の痕」から、使用法や道具の重要性を「読み取る」ことができるために、最初の発明者からは時間的空間的に、はるかにはなれたところの他の集団にも「意図がつたわる」のである。そしてその「加工の痕」は、文字と同様、はっきりと「残る」ので、そこに「歴史」がつくられるのである。

（佐伯1995：104-105）

2-1.　はじめに：対象と方法

　2011（平成23）年の「障害者基本法」改正において、条文の中に「差別の禁止」が明記された。この条文を明確化すべく、2013（平成25）年6月26日、「障害を理由とする差別の解消の推進に関する法律」が公布され、2016（平成28）年4月1日から施行された。本法律では、行政機関等及び事業者における障害を理由とする差別を解消するための措置として、「障害を理由として障害者でない者と不当な差別的取扱いをすることにより、障害者の権利利益を侵害してはならない」ことと、「障害者から現に社会的障壁の除去を必要としている旨の意思の表明があった場合において、その実施に伴う負担が過重でないときは、障害者の権利利益を侵害することとならないよう、<u>当該障害者の性別、年齢及び障害の状態に応じて、社会的障壁の除去の実施について必要かつ合理的な配慮をするように努めなければならない</u>」（下線は筆者による）ことが明記されている。この条文をふまえれば、いわゆる「合理的配慮」はすべて、雇用主や同僚たちと何らかの困難をもつ当事者の協働実践である。しかしながら、この条文

の政治的意図にはほぼ同意できる一方で、「何を記述すれば配慮を記述したことになるのか」という疑問は残る。

　このような政策動向の中、本論文は、すでに多数の障害者を雇用する一般企業の実践、そのなかでも「障害者の抱える困難に配慮するかたちで一般雇用を可能にするデザイン」を記述することで、一企業による障害者への配慮を記述することを試みる。さらには、「実際に協働してやってみる」ことによって獲得されるデザインについても考察してみたい。次節では、ここに的を絞る理由説明として、本章における対象と方法について述べる。

2-1-1.　対象：障害者雇用における道具のデザイン

　障害者雇用研究において、デザインに注目するという発想は単に奇抜さを狙ったものではない。デューズベリーたち（2004）は、障害の理解を広めたり支援テクノロジーのデザインを伝えたりするという実践的な関心のなかで、障害の社会モデルの核となるいくつかの社会学的仮定の有効性について疑問を呈し、詳細でエスノメソドロジーに特徴付けられたエスノグラフィ的調査研究を代替的な分析枠組みとして提示している。チェヴァーストたち（2003）はより具体的な記述を行っており、障害者や高齢者がいわゆる地域生活を可能にする住まいのデザイン、たとえば救難連絡とGPSの使用などを検討している。真鍋たち（2013）は自閉症児向けスケジュール帳のビジュアルデザインについて改善提案をしており、大原（2012）は障害者の居住支援のデザインについて概観している。筧は、ソーシャルデザインを「人間の持つ『創造』の力で、社会が抱える複雑な課題の解決に挑む活動」（筧2013：12）と定義し、筧たち（2011）はコミュニティを活性化する、コミュニティの課題を解決するためのデザインの実例として、30の事例を紹介している。これらの報告はコミュニティソーシャルワークにおいて、デザインの果たす役割の重要性を示すものである。これらのように社会福祉研究でデザインという概念が注目されつつあるなかで、障害者雇用におけるワークプレイスでのデザインの研究が十分になされてきたとは言い難い。本研究は障害者の一般雇用領域で、障害者が働く職場に直接足を運び、そのワークプレイスについてのフィールドワーク（Randall & Harper & Rouncefield 2010）や雇用者・支援者・障害者へのインタビュー調査を行い、障

害者が働くワークプレイスでの実践から、そこでの配慮としてのデザインがどのようになされているかを記述する。なお、ワークプレイス研究とは、仕事／労働の現場やそこでのコミュニケーションに焦点を当てたエスノグラフィやフィールドワークを用いた研究を指している（Luff & Hindmarsh & Heath 2000, 水川・秋谷・五十嵐 2017）。

2-1-2.　方法：実践の記述

　筆者が依拠しているエスノメソドロジーという研究プログラムが示す研究方針は至ってシンプルである。端的にいえば「実践を記述せよ」ということになる。前田（2007）によれば、「実践においては、状況に埋め込まれつつなされたひとつひとつの指し手は、それを理解可能なものにしている規則と分かちがたく結びついて」（2007：50）おり、「実践を記述する」という表現で目指しているものは、「こうした結びつきを切り離すことなく記述していくこと」（2007：50）なのである。本書ではこの研究方針を明確にするため「協働実践」という概念を導入する。これによりデザイン実践の動的な側面が明確になると同時に、デザインを記述する際にユーザーとデザイナーの協働に着目することの重要性も示唆してみたい。

2-1-3.　調査協力者について

　筆者はこれまで10社以上の企業に調査協力いただき、観察調査やインタビュー調査を行っている。本研究では、そのなかの服飾製造会社（以下Ｂ社）から得られたデータを分析する。

　Ｂ社はある服飾系企業の関連子会社で、パジャマ、下着、スポーツウエアなど、合計で年間約70万着を製造し、年間約16億円を売り上げている。Ｂ社における製品出荷までの工程は、大きくは「営業・生産管理」「裁断」「縫製」「検査・包装」の４工程に分かれており、それぞれの工程がさらにいくつかの作業に細分化されている。Ｂ社では、従業員が200人を超え、そのうち８人が何らかの困難を抱えている。障害者雇用率は約５％であり、民間企業の全国平均が2.05％（2018年度厚生労働省障害者雇用実態調査）であることを考えれば、Ｂ社は高い障害者雇用率を保持しているといえよう。また、厚生労働大臣や地方

自治体から積極的な障害者雇用に対していくつかの表彰も受けている。雇用されている障害者の3障害（身体：知的：精神）の比率は、身体障害：知的障害：精神障害＝1：2：1となっている（調査時）。本研究ではB社のX社長、障害者雇用のアドバイザーであるYさん、障害者雇用に関する事務業務を取り仕切るZさんにインタビューを行った。その詳細について記述する。

2-2.　実践の記述：ミシンのデザイン

　筆者が注目したのは、B社に勤務するEさんである。Eさんは軽度の知的障害と学習障害があり、普通高校を卒業後、B社に入社している。Eさんを採用する際、B社は国や都道府県からの4種の助成金を活用し、障害者職業センターの支援も3か月間受けていた。Eさんは本人の希望により入社後ミシンを使った研修を受講した。しかし、とりわけYさんから見て、Eさんはその障害によりミシン作業時において、指先と足元など複数の箇所へ同時に注意を向けることや、ミシンを使用するときの作業手順を覚えることが難しいように見えた。写真1のような標準的な業務用ミシンは、足と手を同時に動かし、布を置く場所の微調整やフットコントローラーを踏む力加減の調整などが必要である。標準的な業務用ミシンを扱うためには、少なくとも表1にあるような、五つの「標準的業務用ミシン（写真1）を扱うために必要とされる作業能力」が要請される。そこでミシン作業の安全面も考慮され、B社技術担当やYさんの判断により、Eさんはミシン作業の担当ではなく、製品のラベル付けや検品などの担当に配置された。だが、Eさん本人はミシンを使った作業を希望し続けた。B社は自社への定着を考慮し、地方自治体からの助成金を活

写真1　標準的業務用ミシン

表1　標準的業務用ミシン（写真1）を扱うために必要とされる作業能力

ミシンを扱うために必要とされる主な作業能力
① 正確な定置
② スピードに合わせた手指腕コントロール
③ 生地の伸縮に対するコントロール
④ 曲線での正確なコントロール
⑤ 待ち針などの的確な打ち込みなど

用して、Eさんがミシン作業を行えるようにプログラム可能な電子ミシンを購入した。本来ならば、この時点ですでに議論しなければならないことが少なくとも三つある。それは、1）Eさんに「できる仕事」ではなく「やりたい仕事」へ再配置するという配慮、2）B社への「定着」という視点、3）Eさんの障害に配慮してミシンをデザインする、ということだ。本章では本書の趣旨の関係上、3）「どのようにこの電子ミシンがデザインされたのか」ということに絞って報告する。

2-2-1. モジュール化・ユニット化

　電子ミシンを使って布を縫製するといった場合、その作業はいくつかに分割することができる。たとえば、1）「縫い合わせる1枚目の布を台におく」、2）「縫い合わせる2枚目の布を重ねる」、3）「ミシンで縫う」などのように。このようにすれば、1）の作業を一人の障害者の方が担い、2）の作業をもう一人の障害者の方が担い、3）だけ健常者が行うというように、作業を単純化するための分割を通して、障害者の雇用を生み出せるように思える。しかしながらこのような「作業を単純化するためだけの分割」は、Yさんに言わせれば「最悪」なのだ。なぜなら作業すればするほど人件費が高くつき、赤字になるからである。B社で障害者雇用のアドバイザー的地位にいるYさんは、「作業を分割すること」と「作業を要素化すること」の違いについて、それぞれ「スライス化」と「モジュール化、ユニット化」という独自の用語を用いて、次のように説明した。

データ1　〈モジュール化・ユニット化〉

> Y　作業分割の話をしていくと、極端に言ったら、たとえばわれわれ縫製でいったら必ず、（モノを）「取って置く」、「取って置く」という作業がありますよね。そしたら「取って置く」を分割したら作業が（「取る」と「置く」の）倍になりますよね。つまり分割することによって作業が増えることになる。非常にわかりやすくなる。仕事はいかにもやっているように見えるけれども、しなくていい仕事を増やしている。これが組み立

てですごく多いんですよ。ですからそういう目線で、仕事は1回取ったらそのまま置いた方が早いですよね。これを二つの作業にして2人でやったらこっち（ものを取った方を）見て置いて、こっち見て置いてと、昔の言葉で言ったら「飴より笹が高い」、包装代の方が高い。そういうことをやめましょうねっていうのが基本です。で、そのなかで私が要素技術って言っている意味は、ちょっと違うんですよ。1個1個切り分けるっていう意味じゃなくて、一つのユニットとしてね、モジュールとして取り出すっていうことなんですよ。たとえば縫うときに、モノを取る、置くっていうのは実はミシンでも一緒だし、裁断でも一緒だし、検品でも一緒だし。どう置きますかって言ったら、作業方法で言ったらみんなやるけど、置く位置を決めてとかね。動線を決めて最短経済距離でやるとかね。そういうことを一つのユニットと考えるんです。そのユニットを機械化、要素化してピックアップする、そういうのができませんか、っていうのが私の考え方です。(中略)これをやったらこれが出てくるみたいなね。乱暴な言い方したら。でも中にはすごいプロセスがあるじゃないですか。車はアクセス踏んだら動くけれども、非常に複雑な動きをしている。でもわれわれはみんなあそこはブラックボックス化していて踏んだら出るんだみたいに思っているんです。だから仕事をパッケージ化・モジュール化・ユニット化するっていうのはそういう意味に近い。だからそれは1個のものを取り出すという意味ではない。1個のものを取り出すというのは私から言わせればそれは最悪のパターン。でも現場はそれをやりますよね。(中略)だから就労支援のところでも、1回数えたものを最後に就労支援の方がもう1回数える。そういうのはほかに方法はありませんかっていうのが、私が仕事をスライス化するのとモジュール化っていうのは対極にある違い。

　Yさんが「作業を分割する（スライス化する）」と言うとき、作業は細分化されるだけで、作業効率や経済効率という視点が欠落していることを含意している。たとえば「物を取って置く」という作業は「物を取る」という作業と「物

を置く」という作業に分割できる。これだと作業は確かに分割されて単純化される。しかしながら「物を取って置く」という作業は「物を取った」人が「物を置いた」方が、それぞれ別の人間がやるよりもはるかに効率が良い。つまりここでYさんが「作業を分割する」というとき、1人でもできる仕事を複数人で遂行することを含意しており、結果的に手を動かせば動かすほど赤字になるということに陥りかねない。

　他方でYさんが「作業を要素化する」というときの要素とは、作業が効率よくなされるための機能をモジュール化・ユニット化されたものという含意がある。「電子ミシンを使って布を縫製する」といった場合、上記1）、2）、3）というように作業を分割してはならず、あくまで「電子ミシンを使って布を縫製する」とモジュール化・ユニット化されていなければならない。上記のたとえで言えば、要素とは「ネジ1本、コード1本、金属片一つ」ではなく、「アクセルを踏めば車が走るという機能そのもの」ということになる。一度部品をエンジンとしてモジュール化・ユニット化してしまえば、エンジン内の構造を知らない人でも、アクセルを踏むだけでエンジンを回すことができるようになる。これだと簡単処理、簡単操作で作業価値の高い仕事になる。

　Yさんによれば、ある種の困難を抱えている人に対して作業ができるように配慮するといっても、作業効率や経済効率を無視して作業を単純に分割するのではない。障害者の困難に対して配慮してデザインされる作業は、あくまで簡単処理や簡単操作で高付加価値を付与されるようにモジュール化・ユニット化されなければならない。別様の言い方をするならば、障害者の困難に対して配慮し、かつ経済的損失を伴わないという合理性がモジュール化・ユニット化という概念には埋め込まれている。

2-2-2. 座標・シームレス化

　「ミシンを使って生地を縫う」というとき、筆者らのような服飾製造の素人と、そのプロフェッショナルであるYさんでは、そのヴィジョンがまったく異なることが、インタビュー調査によって明らかになった。ここでキーワードとなるのは「座標」と「シームレス化」という概念である。

データ2 〈座標とシームレス化〉

Y　モノを作っていくときに流れがあるんですね。たとえば座標で（x , y）
　があ\りますが、（x , y）がすべてなんです。ミシンで縫う人って普通ね、
　現物があってここから5㎜縫いますって言うでしょ。でも見方変えたら
　座標で縫っているんです。この座標が（0 , 0）だったら、（0 , 5）のと
　ころでね、（1 , 5）、（2 , 5）、（3 , 5）というふうに、座標で縫ってる
　んでしょ。だったらその座標通りにミシンを加工してやればね、すぐで
　きるじゃないですか。垣根がないじゃないですか。そうするとモノを縫
　うっていうふうに人間は見てんだけれども、実はみんな座標なんです。
　（中略）コンピューターソフトでいうと、シームレス化でいうと非常にわ
　かりやすくて、（x , y）の座標データとして取り入れていくでしょ。そ
　したら別に簡単です。コピーもなにもしなくていい。要は共通データを
　使って標準フォーマットで取り出せばいい。機械加工ってそんな感じで
　すよね。1からデータとかそんなばかなことしなくていいよ。だから難
　しい仕事ができるんです。

　ここで述べられていることは、まず「モノを縫う」といったときの、素人の
ヴィジョンとYさんのようなプロフェッショナルのヴィジョンの違いである。
たしかに筆者のような素人は、ここからここまでというようにミシン針を走ら
せる軌跡を「線」で考える。しかし、Yさんのようなプロフェッショナルは、
その軌跡を「座標」としてとらえている。ただしここで焦点化したいのは、素
人と専門職者のヴィジョンの違いの有無というよりも、このプロフェッショナ
ルヴィジョンがもたらす応用実践の方である。ミシンで縫う軌跡を布上の座標
として取り出すことができれば、「縫う」「貼る」「折る」といった作業に共通し
て使うことができる。言い換えるならば、ここでの「シームレス化」とは、た
とえばミシンによる縫製をするとき、その縫製する軌跡の座標を取り出すこと
ができれば、その座標は他の作業（アイロンを使って貼る作業、折る作業など）
に応用できる（垣根がなくなる：シームレス）ということを意味する。

2-2-3. ミシンのデザイン

　「モジュール化・ユニット化」は、Yさんにとっての作業デザインの一般方針であり、その方針のミシンに対する適用（ミシンのデザインにおける実現）が「座標（化）とシームレス化」であり、「座標（化）とシームレス化」によってEさんのミシン作業が可能になった。本節では、「モジュール化・ユニット化」、「座標・シームレス化」という概念を、実際にEさんが使用するミシンのデザインとどのように具体的に結びつけることができるのかを検討する。

　B社ではある生地に別の生地を縫い付けるとき、最初にコンピューターを使用して設計や製図をするシステム（CAD）によって図面が作られる（写真2）。この図面をプリンタではなく、切削機（写真3）につなぐことでプラスチック板が切削される。それによってできあがった型（写真4）に沿って糸が縫えるように、その軌跡をミシン自体にプログラムする。実際に写真2の画面上で、どのように糸で縫われるのかのシミュレーションを行うこともできる。これらの一連のミシンに組み込まれたソーイングプログラムは、「座標」と「シームレス化」という概念の導入によって可能になっている。ある特定の「座標」を入力することで、その座標データが「型の切削」にも「ソーイングプログラム」にもシームレスに応用されているのがわかるだろう。

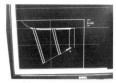

写真2　CADによる図面

写真3　切削機

写真4　型

　この一連のデザインによって、Eさんは知的障害と学習障害を抱えていても、布を重ねて置き、ワンショットで製品のある部分を縫い付けることが可能になった。これらのアイディアの集積によって、「電子ミシンを使って布を縫製する」という一連の作業をモジュール化・ユニット化し、障害者のミシンを使用した作業が簡単操作で高い作業価値を付与されるデザインになっている。

2-2-4. デザインされたミシンの使用

　ここではミシンの使用を分析することで、Eさんの使用するミシンは、Eさんの抱える困難に対してどのように配慮されたデザインになっているかを記述する。そのためにまず、健常者が使用するような、Eさんが使用できなかった標準的業務用ミシン（写真1）を見てみよう。これに対し、Eさんの困難に配慮される形でデザインされたミシン（写真5、6）は、あらかじめCAD（写真2）によって作成された二つの同じ型（写真4）で布を挟み、所定の場所に型で挟んだ布を置いて、足でペダルを踏む（写真6）と、あらかじめソーイングの軌跡をプログラムされているミシンが、自動で型に沿って縫うようになっている。

写真5　デザインされたミシン1

写真6　デザインされたミシン2

　標準的業務用ミシン（写真1）と比較すると、Eさんが使用しているミシンは、決定的な違いとして、作業手順を覚える必要がなく、足と手を同時に動かすような作業をしなくてもよいようにデザインされていることがわかる。この場合、座標のプログラミングによって、布を置いたのちにはペダルを踏むだけでよく、表1にあるように必要とされる作業能力②から④のような、手による布のコントロールが必要なくなっている。また、布を置く場所の微調整やフットコントローラーを踏む力加減の調整などが必要なく、実際に縫う軌跡や縫い方の種類などについては、あらかじめミシンに座標などがプログラムされており、ワンショットですべて縫い終えるようにミシンがデザインされている。つまりは、表1あるいは表2の左側にまとめたような、五つの「操作における作業についての知識」がなくてもミシン作業ができるように、ミシンがデザインされていることがわかる。ミシンを扱うために必要とされる能力について、標準的業務用ミシンを扱うために必要な能力とデザインされたミシンを扱うために必要な能力を比較して一覧性を担保するため、表2にまとめた。

表2　ミシンを扱うために必要とされる能力の比較

標準的業務用ミシンを扱うために 必要な能力	デザインされたミシンを扱うために 必要な能力
①正確な定置	①正確な定置
②スピードに合わせた手指腕コントロール	②フットスイッチを踏む
③生地の伸縮に対するコントロール	
④曲線での正確なコントロール	
⑤待ち針などの的確な打ち込みなど	

2-3. 考察：デザインの合理性と協働実践

　本節で考察したいのは、デザインの合理性と協働実践の関係である。何が合理的であるかを他の人びとが理解するには、個々の実践に即した観察可能性・理解可能性が不可欠である。ここでいう他の人びとには、ミシンのデザイナーやB社の同僚、筆者や本論の読者も当然含まれる。

　次のような問いを立ててもよいかもしれない。ミシンを使用する活動とミシンをデザインする活動は異なるし、それぞれの活動者も異なる。このミシンをデザインしたデザイナーは健常者であり、Eさんと同じ困難を抱えているわけではない。にもかかわらずこのミシンのデザイナーはEさんの困難をどのように理解し、どのようにしてEさんが使用できるようにミシンをデザインすることができたのか。端的な回答は次のようになるだろう。Eさんがミシンを使用する、あるいはミシンが使用できないという実践に即することによって、はじめてデザイナーはミシンの扱いにおいてEさんの抱える困難が観察・理解可能になり、ミシンをデザインする実践が可能になるからだ、と。本研究において、Eさんは確かに知的障害と学習障害を抱えている。しかし、このような障害名だけではミシンのデザイン実践や使用実践において、何の合理性も理解も記述できない。Eさんがミシンと向き合うという実践に即してはじめて、知的障害と学習障害を抱えるEさんが、手先と脚の複数の箇所に注意を分散することについての困難、作業手順を覚えることの困難、フットコントローラーの力加減の困難があると理解可能になる。この理解可能性によって、デザイナーは注意

すべき箇所や作業手順を最少化するように、ミシンをデザインすることができる。つまり、障害者の使用する道具をデザインするうえで、障害者と支援者の協働実践は必要不可欠なのだ。

2-3-1.　モジュール化・ユニット化の合理性

　「ユニット化・モジュール化」の合理性とは、雇用者への配慮と被雇用者への配慮を同時に最適化することである。ここでの雇用者への配慮とは、作業を単純化しても無駄な作業および人件費を増やさないという、作業効率や経済効率への配慮である。被雇用者への配慮は、本人たちのやりやすい方法で高付加価値を生み出すような作業デザインとして示されている。この双方への配慮を最適化するのが、ここでの「ユニット化・モジュール化」という概念である。Yさんは障害者たちの居場所づくりとは、何も休み時間の過ごし方だけを指すわけではなく、「経済的な居場所づくりも指すのだ」と述べていた。Eさんのミシンによる作業が洋服を作るうえで高付加価値を生み出すならば、Eさんのミシン作業は服飾の製造に不可欠なものになる。ちなみに、このデザインされたミシンは通常のミシンを使用して健常者が縫うより、作業スピードが2.5倍程度速い。このことがEさんに「経済的な居場所」をもたらすことになる。

2-3-2.　座標・シームレス化の合理性

　「座標・シームレス化」の合理性とは、ソーイングプログラムの応用可能性である。ミシンで布を縫う軌跡を座標として取り出すことができれば、その座標データはミシンのソーイングプログラムにも、布を固定するプラスチックの型の切削にもシームレスに応用できる。この座標の応用可能性こそが、「シームレス化」の示すところである。また「座標・シームレス化」の合理性は、デザインのリソースにもなりうる。Yさんによれば、ワンショットでソーイングプログラムが作動するミシンをデザインできるのは、「座標・シームレス化」という概念を導入することによって「難しいことを1からプログラムする必要がない」からである。

2-3-3. 小括

　このように、「ユニット化・モジュール化」と「座標・シームレス化」の、それぞれの合理性が理解可能であるからこそ、ミシンのデザイン実践やインタビューで語られた内容と「ユニット化・モジュール化」や「座標・シームレス化」とを結びつけることが筆者らにも可能になる。障害者の困難に配慮されたミシンのデザインは、障害者との協働実践から合理性や理解可能性を学ぶことで初めて可能になる。

2-4. 結語

　本章では、全国平均よりも倍以上高い障害者雇用率を達成しているB社に調査協力者となっていただき、B社で示されている配慮としてのデザイン、ここでは知的障害と学習障害を抱えるEさんの困難に配慮したミシンのデザインを記述した。

2-4-1. 道具のデザインの記述

　本章の問いの一つは「何を記述すれば配慮を記述したことになるのか」というものであったが、本章では道具のデザインを記述した。本章でいえば、Eさんの使用するミシンは、知的障害と学習障害を抱えるEさんの困難、たとえば複数の箇所に注意を向けることの困難や、作業手順を覚えることの困難に配慮したデザインになっている。したがってB社において、Eさんの困難に配慮したミシンのデザインを記述することが、本研究の問いの一つである「何を記述すれば配慮を記述したことになるのか」という問いへの回答の一つになるだろう。B社では既存のミシン作業に必要な五つの作業（正確な定置、スピードに合わせた手指腕コントロール、生地の伸縮に対するコントロール、曲線での正確なコントロール、待ち針などの的確な打ち込み）への負荷を最小化するように、Eさんの使用するミシンはデザインされていた。

　さて、このEさんの抱える困難に配慮してデザインされたミシンを、Eさんが欠勤したときに健常者である同僚のIさんが使用する機会があった。Iさんは、このミシンのユーザーとして想定されていたわけではないが、Eさんのミ

シンを実際に使用すると、その使いやすさに驚き、B社のすべてのミシンをこのミシンにするように直属の上司に進言したのである。X社長は「障害者の困難に合わせてミシンをデザインするということは、究極的にはだれにでも使用できるようにデザインされたミシンを作ることと同じであり、このノウハウこそが当社の財産になっている」と述べている。

2-4-2.　協働実践とデザインの関係

　ミシンのデザイン実践は、その使用者として想定される障害者のEさんに対してだけではなく、このミシンをデザインしたデザイナーにはもちろんのこと、健常者である同僚にとっても、これらの活動に全く関わっていない筆者にとっても、合理的なものとして説明可能なものになっている。このときの合理性とは、障害の診断やカルテから理解できるものではなく、障害者と支援者であるデザイナーの協働実践を見ることで、はじめて理解できる合理性である。この協働実践における合理性および理解可能性があるからこそ、ミシンのデザインが可能になる。

2-4-3.　社会福祉研究におけるデザインの記述

　本章のようにデザインを記述することは、社会福祉研究としてどのように貢献していることになるのか。通称「障害者差別解消法」では、行政機関等および事業者における障害を理由とする差別を解消するための措置として、「負担が過重でないときは、障害者の権利利益を侵害することとならないよう、当該障害者の性別、年齢及び障害の状態に応じて、社会的障壁の除去の実施について必要かつ合理的な配慮をするように努めなければならない」ことが明記されている。

　B社では、障害者であるEさんが縫製した製品を、他の健常者である同僚が逐一チェックしているわけではない。こうした「効率の悪いことを省きましょう」というのがB社の方針でもある。Eさんの作業はB社の製造ラインの一部を担っており、Eさんの作業やEさんの関わった製品の扱いは、健常者のそれと同等である。最終的な検針などはもちろんあるが、それは障害者の関わった製品だからではなく、B社の製品としての検針であり、当然ながら障害者の関

わらなかった製品も検針の対象になる。これらの事実は、もはや E さんが障害者であることが、服飾を製造するという活動上関係がなくなったことを示している。つまり、本章においてもデザインとは、一般企業のなかで障害者が困難を抱えたままでも生産者として位置づけるための「技術ディテール」「機知や良識」「創意工夫」であり、デザインを記述することは、障害者を、困難を抱えたままでも生産者として位置づける方法や配慮を記述することである。

3章 ｜ 労働時間のデザイン
～固定された世界を解きほぐす～

　当社では、遅刻しても非難されません。遅刻は歓迎すべきものではありませんが、当社の社員には、わざと遅刻する人は今のところ誰もいないからです。時間通りに出社したいけれど、どうしても難しい。遅刻を認めてくれる職場がないから、働くことを諦める。それではあまりにももったいないと思うのです。

　とても真面目で、でも病気の特性で時々遅刻してしまう人がいました。真面目すぎるので、一度遅刻をすると、自分を責め続け、何日も家から出られなくなってしまいます。何度も話し合い、昼からでも来てくれるようになりました。思うように動かない身体に、一番困っているのは本人です。その上、会社までが責めたてる必要はありません。自分を責める気持ちや恥ずかしさ、悔しさを乗り越えて、出社してくれるだけで、ありがたく思います。一歩踏み出した勇気を称えたいです。

　もう一人、時間で苦労している人がいます。本人は非常に苦しんでいるわけです。サボっているわけでも、馬鹿にしているわけでもなく、泣くほど悔しいけれどもできないのです。だったら、そこは良しとして、それを前提でどう働いていくかを考えればいいのです。だから、遅く来たらその分遅く帰るとか、早く出社してしまったら早く帰るとか。その人はいつも、空からパラシュートで落ちてくるような出勤なんです。大変です。いつもパラシュートで同じ地点に落ちるのって。でも別の時間に落ちてしまうのです。彼女は発達障がいですが、その特性だけ目をつぶれば、彼女は働ける人なんです。

　それだったら、時間にぴったりではなくてもいい仕事を担ってもらえばいいわけで、そういうことを会社側とご本人とが試行錯誤しながらやって

いけたらいいと思います。

　遅刻する人がいる一方で、定時に出社して業務を開始してくれる人にも、もちろん、感謝の念を忘れてはいけないと思っています。

（三鴨2017：44-45）

3-1. 精神障害者の労働時間問題

　2018（平成30）年4月1日より、障害者雇用義務の対象として、これまでの身体障害者、知的障害者に精神障害者が加わった。この変更に連動して、あわせて法定雇用率も、民間企業が2.0％から2.2％へ、国や地方公共団体などが2.3％から2.5％へ、都道府県などの教育委員会が2.2％から2.4％へ変更され、障害者雇用義務の民間企業の範囲が、従業員50人以上から45.5人以上に変更された。

　本章に関連する変更としては、精神障害者の職場定着を促進するために、精神障害者である短時間労働者の算定方法も変更されている。精神障害者である短時間労働者であって、「雇入れから3年以内の方」または「精神障害者保健福祉手帳取得から3年以内の方」、かつ2023（令和5）年3月31日までに、「雇い入れられ、精神障害者保健福祉手帳を取得した方」に限り、1週間の所定労働時間が20時間以上30時間未満である方を、これまで0.5人とカウントしていたのに対し、1人としてカウントするという変更である。この変更をもう少しかみ砕いて説明すれば、精神障害者の短時間労働者（1週間20時間以上30時間未満の労働者）であっても0.5人から1人としてカウントするので、精神障害者の短時間労働者の雇用を促進する効果が期待される変更なのである。「精神障害者である短時間労働者に関する算定方法の特例措置 Q＆A」[1]（厚生労働省2018）によれば、この特例措置が設けられた趣旨として、「精神障害者は身体障害者や知的障害者に比べて職場定着率が低い状況にあります。一方で、精神障害者の職場定着率は、週20〜30時間勤務の場合が最も高く、また、精神障害者は知的障害者に比べて、就職時に短時間勤務であっても、就職後に30時間以上勤務に移

---

1)　厚生労働省のホームページ参照（https://www.mhlw.go.jp/stf/seisakunitsuite/bunya/0000192051.html）。

行する割合が高いというデータ[2] があります。これらを踏まえ、精神障害者の職場定着を進める観点から、労働政策審議会障害者雇用分科会での議論を踏まえ、今回の措置を設けることとしました」と説明されている。

　本書版元であるラグーナ出版の川畑社長と初対面のとき、官公庁のいわゆる「障害者雇用水増し問題」およびその打開策としての官公庁の多人数採用の話題になった。そのとき川畑社長は、1日8時間、週40時間の勤務という「一般常識」の勤務時間をそのまま精神障害者の雇用にあてはめてもうまくいかないのではないかと疑問を呈した。精神保健福祉士である川畑社長によれば、働くということにおいて、精神障害者の最大の困難は「長時間働けない」ことである。この苦しみを別の言葉で表現するならば、「身体を職場に置き続けることができない」苦しみである。ここには川畑社長の経験（後述）に裏付けられた自信が垣間見られる。自分たちは「精神障害者を雇用するとき、働く時間を調整してあげることが重要であり、つまりそれは、働く時間をそれぞれの障害に応じて配慮する重要性をわかっている」ということだ。

　「精神障害者の労働時間問題」は、川畑社長の単なる思い込みではない。厚生労働省が2018（平成30）年6月に実施した「平成30年度障害者雇用実態調査」[3]では、雇用している障害者への配慮事項として、身体障害者については、「通院・服薬管理等雇用管理上の配慮」が最も多い（51.9％）一方で、知的障害者、精神障害者および発達障害者については、「短時間勤務等勤務時間の配慮」が最も多くなっている（知的57.6％、精神70.8％、発達76.8％）。つまり、精神障害者の就労問題で最も配慮しなければならないことが、川畑社長が直観していた「労働時間の調整」であることは、厚生労働省の調査結果によって裏付けられている。したがって本研究では、就労支援実践者がまさに問題視している、そして統計調査によってもその困難さが裏付けられている精神障害者の労働時間のデザインへ、直接アプローチする。

2）　「平成29年12月22日第74回労働政策審議会障害者雇用分科会資料1-2」参照（https://www.mhlw.go.jp/ stf/shingi2/0000189459.html）。

3）　https://www.mhlw.go.jp/stf/newpage_05390.html. なお、短時間勤務等勤務時間の配慮として、これから期待される労働形態の一つに、情報通信技術を利用した事業場外勤務（いわゆる「テレワーク」）がある。

3-2. 「当たり前」の記述

　しかしながら、CiNiiで「精神障害、労働時間」を入力して検索すると、ヒットする論文の多くは「精神疾患発症につながる時間外勤務」にかかわる論考であり、（私にとってはたいへん驚くべきことなのだが）精神障害者の雇用における労働時間のマネジメントに関する論文がほとんどヒットしないのである。より具体的に言えば、労働時間と精神障害の関係に関する研究は、そのほとんどが過労死や精神疾患発症との関連についての研究（たとえば中島・古川 2015、茅嶋他 2016）、あるいは精神疾患予防としてのストレスチェックに関する研究（たとえば松本 2018、廣 2018など）であり、精神障害者が働けるようになるための労働時間の調整にかかわる論考がほとんどないのである。

　そこで、「なぜ、精神障害者の労働を可能にする時間調整の論考がほとんどないのか」のほうを考えることから始めてみようと思うのだが、この問いへの回答は、筆者には一つしか思い浮かばなかった。それは、「精神障害者の労働時間を調整するのは当たり前すぎて考察に値しない」という類の理由付けである。あるいは、重要な課題であるにもかかわらず焦点化されにくいのは、精神障害者が「働けている」なら、多くの場合に労働時間問題は「既に解決されている」とみなされているのかもしれない。

　いずれにせよ、こうした理由付けを可能にするのは、研究活動についてのある前提があるからだろう。つまり「研究とは、これまで発表されてこなかった新しい発見findingsを提示することだ」と定式化できるような、研究についての前提である。これは自然科学界や遺跡発掘などを行う考古学においては、強く支持される定式化であるし、筆者もある意味においてはそうだろうと思う。これまでにわかっていることを研究者がなぞったところで、そこで明らかになることに、どのような意味があるだろうか。

　しかしながら、筆者が問い直さなければならないと思っているのは、「〜は当たり前すぎて考察に値しない」「〜は当然であるから、研究するまでもない」という前提のほうにある。これは自然科学や遺跡発掘活動を主とするような考古学研究については妥当かもしれないが、人文・社会科学と言われるような領域

ではどうだろうか。リンチ（1993=2012：139）が指摘するように、カウフマン（1944）は科学の手続き的合理性を解明しようとし、知ある無知Docta ignorantia（カウフマン1944：15）という方針をとる。この方針によれば、「人は、自らの知るところのものを、『本当には』——つまり完全に明確には——知らない」。自明視されていた前提が白日の下にさらされうるのであり、解明へと向けられるこうした努力を通じて、あいまいさや合成された用法を整理することができる。

　そこで本章では、障害者の労働時間のデザイン問題についての希少な先行研究である東京大学先端科学技術研究センター人間支援工学分野（以下「東大先端研」）の研究をレビューする。次に、まさにこの拙著を出版している会社、「ラグーナ出版」における障害者の労働時間のデザインを記述する。この二つの記述を並置することで、この二つの実践の特徴を相対化することが本章の目的である。

3-3.　超短時間雇用モデル

　近藤（2018a, 2018b）や松清ら（2019）によれば、「超短時間雇用モデル」あるいは「IDEA（Inclusive and Diversity Employment with Accommodation）モデル」とは、「従来の就労形態では就労困難であった労働者に就労の機会を生むことを目的としている。『超短時間』という用語は週30時間よりも短い週20時間未満の短時間雇用よりも、さらに短い雇用」（松清他 2019）であることを意味しており、「法定雇用率カウントの要件となる週20時間以上働くという時間的な縛りをなくし、週あたり15分からでも働ける」（松清他 2019）ことを目指す雇用モデルである。週あたり5〜10時間の雇用であっても、地域に同程度の雇用可能な企業が3、4社あれば、実質的には週に20〜30時間の労働は可能になる。

　このモデルの特徴として挙げられるのが、週20時間以上の労働時間を障害者にとっての壁と考えている点である。自治体の実践をまとめた川崎市編（2019）ではまさに「週20時間の壁」という表現が散見される。だがそもそも、「週○○時間以上雇用しなければならない」という雇用に関する規則は、ケースによっては労働者側を擁護する、特に時間給労働者を擁護するものでもある。その点

に立ち返るならば、週に5〜10時間の雇用のように働く時間が短いということは、それだけ会社が支払う時間給も少なくてよいということであり、経営者側に都合のよい制度にもなりうる。これはどういうことかというと、たとえば週5時間契約で雇用されたとして、仕事に慣れてくれば当然労働時間を増やす（＝収入を増やす）ということを、労働者であれば考えるであろうが、しかしながら、初めから週5時間分の仕事しか会社側が用意していないとなると、労働者側の成長の余地が用意されていない。もっと働きたければ、他の会社の超短時間でできる仕事を見つけなければならないということになる。これは仮に他の会社の仕事が見つかったところで、今度はまた別の会社や仕事に慣れるという、ある種の精神障害者にとっては相当な困難が増えてしまう。そう考えると、超時間短縮雇用は、一見すると経営者側のニーズにも障害者側のニーズにも最適化されているように思えるが、実際は経営者側にだいぶ都合のよいデザインになっている[4]のかもしれない。

　このモデルでは、労働者を採用してから職務を割り当てるのではなく、明確に定義された職務定義（その職場で必要とされている業務の内容を細かく明確に手順化し、時間数、相当する賃金を定義する）を事前に行い、その後、その職務が遂行できる労働者を採用するという流れをとる。

　このモデルの実装化として、2016年から川崎市[5]が、2017年から神戸市が実際に取り組みを始めている。なかでも特筆すべきは神戸市における取り組みであろう。神戸市では超短時間雇用で企業からの直接雇用という形で働いても、一定の要件を満たした場合に、就労継続支援B型事業所の継続利用を認めており、市内の支援事業所へも周知活動している。

　　　障害者総合支援法における就労系障害福祉サービス（就労移行支援、就労継続支援A型、就労継続支援B型）は、短時間のアルバイトであっても、一般就労に移行すると、継続して利用することは想定されていない。
　　　しかし、特に就労継続支援B型事業所を利用している障害者のなかには、毎日1〜2時間、あるいは週1日なら働けるという方も一定数見込まれる

4）　本書2章のB社におけるダイバーシティについての議論と対照的である。
5）　川崎市の取り組みについては川崎市編（2019）がとても参考になる。

ものの、障害福祉サービスの利用ができないことが障壁となって就労に踏み出せない障害者も存在する。

　そこで、神戸市では、平成29年10月より一定の要件を満たす場合には、例外的に超短時間雇用にいたった後も、就労継続支援B型事業所の継続利用を認めるといった就労環境の整備を行った[6]。

　　（神戸市「障害者の超短時間雇用創出に向けた取り組みについて」）

　就労継続支援B型とアルバイトを併用することは、ここにも書かれている通り、基本的には認められること自体珍しいことではあるが、しばしば小耳にはさむ話でもある。神戸市のケースで珍しいのは、神戸市という地方自治体が率先してこの併用を勧めている点である。それほどまでに超短時間雇用モデルを、「障害者の超短時間雇用創出に向けた取り組み」として重要視していると同時に、この雇用制度を利用する障害者の日中の労働（時間）に対しても配慮しているといえるだろう。

　この件については一週間という時間をどのようにデザインするのか考えてみると理解が容易になる。たとえば、週に10時間程度のアルバイトをできるようになった障害者がいたとしよう。この障害者が一週間のうち、残り20〜30時間は就労に充てたいとしても、別の他のアルバイトが都合よく見つけられるとは限らない。そこで就労継続支援B型などの福祉サービスを利用できれば、一週間の労働時間はその障害者の就労形態に適したデザインが可能になる。

　他方で、川崎市は障害者就労継続支援B型の理念に反するということで、超短時間雇用と就労継続支援B型の併用を認めていない。

　2019年8月23日に立命館大学茨木キャンパスで開催された職業リハビリテーション学会における松清らの報告では、現状での反省点としてPR不足（政策提案力の不足を含む）と、このモデルが実装できる地方自治体は川崎市や神戸市くらいの大規模都市でないと難しいかもしれない、ということが述べられていた。

---

6)　平成30年度第2回市民福祉調査委員会資料5-2（平成31年1月16日）「障害者の超短時間雇用創出に向けた取り組みについて」参照（神戸市ホームページ　http://www.city.kobe.lg.jp/information/committee/health/welfare/fu01.html）。

3-4.　ラグーナ出版における労働時間のデザイン

　ラグーナ出版は、2008年に鹿児島市で設立された出版社である。病気が治ったから働くのではなく、働くことで回復をはかれる職場づくりも使命であるという理念のもと、就労継続支援A型事業所として設立され、精神障害を抱える人びととともに、本を作り、出版している。統合失調症の症状の一つに「自明性（当たり前のこと）の喪失」（Blankenburg 1971=1978）があるとすれば、その「治療」のために仕事があってよい。設立時の詳しいエピソードや沿革などは、坂本（2011）、坂本編（2014）やラグーナ出版のホームページ[7]に詳しいので、ここでは割愛するが、このホームページで公表されているラグーナ出版の就労継続支援A型事業所としての「生産活動内容及び平均賃金」（2017（平成29）年8月1日～2018（平成30）年7月31日）には、主な生産活動として、1）書籍の作成、販売、事務処理、2）名刺、ポスター、小冊子、大学の論集、自費出版書籍の作成、納品、3）装幀、デザインの作成、納品、4）本の修理、5）ラジオの広告収入が挙げられている。2017（平成29）年8月1日～2018（平成30）年7月31日の利用者に支払った賃金は、賃金支払総額が21,448,755円、支払対象者数345人（1か月におよそ29.5人が利用）、総労働時間27,342時間、平均月額賃金62,170円、平均時給784円となっている。

　佐藤ら（2011）は学術出版社の組織アイデンティティとして「〈文化〉対〈商業〉」、つまり経済的利害関係と規範的理念の対立を軸に、四つの学術出版社の実践を記述しているが、ラグーナ出版にはこうした対立軸とは別に、「精神障害を抱える人びととともに、本を作り、本を出版している」というミッションがある。上記生産活動の一部が出版業というよりは印刷業の仕事になっているのも、こうした印刷業的業務を外注するのではなく自社で抱えることによって、多様な作業内容を確保し、そのことで社員の作業能力に適合するような業務の選択肢を、より多くつくり出しているといえる。

　こうしたラグーナ出版の複合性ないし特殊性は、精神障害をもつ社員に対す

7）　ラグーナ出版ホームページ参照（http://lagunapublishing.co.jp/）。

る、「社員」「利用者」「働く患者」といった呼称によく表れている。ラグーナ出版ではこれら三つの呼称を、聞き手ないしオーディエンスの所属する領域ごと、あるいは話の文脈ごとに、使い分けている。つまり、労働基準法を元に記述するときは「社員（パート・準社員・従業員）」、サービス報酬に関する書類作成などの社会福祉分野では「利用者」、精神医療領域で記述するときは「働く患者」という呼称になる。ちなみに、ラグーナ出版自身の大切にしているテーマをよく表しており、一番よく使う呼称は「働く患者」である。本節では、基本的に障害者福祉や障害者雇用領域の議論をするので、文脈に沿って主に「社員（従業員）」「利用者」などを使用する。

　約30人の利用者（働く患者）の障害種別は別の障害を重複するものもいるが、基本的には全員が精神障害である。主な内訳は、統合失調症が半分、約1/3が双極性障害・うつ病で、これらの障害をもつ者で8割を超える。2019年6月現在、この30人の平均勤続年数は約6年（最長で10年以上）である。本節では、ラグーナ出版より提供いただいた半年分の勤務表やシフト表から、労働時間のデザインを分析する。ただし、データの特性上、読者によっては人物の特定につながるため、人物の特定がされないように、分析の粒度はやや粗めにせざるを得ないことを先にことわっておく。

3-4-1.　1か月ごとの一人あたりの平均労働時間

　この30人の2019年1月から6月までの1か月ごとの一人あたりの平均労働時間は、1月51.3時間、2月58.1時間、3月59.6時間、4月49.6時間、5月47.1時間、6月48.8時間である。これだけ見ると、端的に言って年度末が忙しそうであるが、実際年度末がラグーナ出版の繁忙期である。これは特に厚生労働省が2012（平成24）年6月27日に公布し、2013（平成25）年4月1日より施行された「障害者優先調達推進法」の影響が大きい。この法律は「障害者就労施設等からの物品等の調達の推進等に関し、障害者就労施設等の受注の機会を確保するために必要な事項等を定めることにより、障害者就労施設等が供給する物品等に対する需要の増進を図る」[8]ための法律である。ラグーナ出版は官公庁の刊

行物や名刺なども受注しているため、年度単位の予算の刊行物や官公庁の人事異動が公表される3月中旬から下旬は、とても忙しくなる。この法律によって、発注元である官公庁の需要が労働時間により敏感に反映されることになった。そのため、この時期だけは就労時間延長可能な利用者に就労時間の延長をお願いすることになる。つまり、ラグーナ出版で働く障害者たちの労働時間は、体調などによって長くなったり短くなったりすることももちろんあるのだが、こうした繁忙期や閑散期などのような、仕事の発注受注の都合に依存していることがわかる。しかし、優先されるのはもちろん利用者の体調の方である。実際に、この繁忙期にあたる1・2月に毎年うつとそうが反転し体調を崩す利用者がいるが、会社としては冬の間、この利用者の労働時間を減らす対応をしている。

　川畑社長によれば、利用者の勤務時間の設定については、日報を参照することが有効であるという。日報とは、「働く患者たち」が仕事の終わりに記入するもので、その日報を参照しながらスタッフと相談する。日報に書く項目は主に以下の三つである。

　1）体力（体の疲れ、頭の疲れ、気疲れ）
　2）気分の安定度（特に神経症圏、そう、うつ症状のある利用者に重要）
　3）集中力（統合失調症の利用者は、集中しすぎて「疲れ」につながりやすい）

　スタッフは、各利用者の1）〜3）の状態と睡眠時間の変化を観察し、これらが安定して「ゆとり」があったら翌月の勤務時間を増やし、「あせり」[9]があったら、現状維持か減らす。川畑社長によれば、精神科の患者が働きながら回復するには、働く中にこういったかかわり（＝川畑社長の言葉を借りれば「治療」）を導入することが必要であり、官公庁や離職率の高い会社の雇用がうまくいかないのは、この「治療」がないからではないかとのことである。

3-4-2. 病気別の労働時間の傾向

　また、病気別にみると、病気と労働時間に関する目立った相関関係はほとん

9）　川畑社長は、精神科の病は、別名「あせりの病気」ではないかと述べている。この感覚を自覚させ、対処法を持たせることが、治療の出発点である。

どなさそうである。たとえば統合失調症者がうつ病・双極性障害者より長い時間働けるわけではない。うつ病者でも月平均で100時間を超えて働いている人もいる。ただし、社会不安障害を抱える者は、全員が月平均の労働時間以下となっている。これはおそらく、社会不安障害が統合失調症やうつ病・双極性障害と比べ、相対的に気質の問題ではなく社会関係の問題に関する障害だからであろう。別の言い方をするならば、社会不安障害とはいくつもの異なる身体と空間を共有することについての障害なので、もしこのような困難を抱えた精神障害者に対して配慮するならば、ワークプレイスの時間を調整するというよりも、社会不安障害者を取り巻く空間をデザインすること、より具体的には他者との空間の共有を避けるような空間デザインが求められているのかもしれない。

3-4-3. 精神障害者雇用における労働時間のマネジメントと支援

ある月の個人ごとの労働時間の勤務実績表（写真１）を見ると、利用者によって午前だけ（毎日 or 週に○日）、午後だけ（毎日 or 週に○日）、終日（ほぼ毎日から週３日勤務など）、この曜日とこの曜日だけ（たとえば月曜と木曜だけ勤務）などのように、相当秩序立って安定している。人によっては季節などと連動する調子の良し悪しの周期がある。たとえば、先ほど述べたように、１・２月は毎年うつとそうが反転する利用者もいるが、働ける季節と働けない季節がはっきりしているという意味では、秩序があり安定しているともいえる。ある種秩序立って勤務ができるのであれば、勤務シフトも作成できる。ちなみに勤続年数も長いほうが長時間労働に従事しているかというと、これもそのような相関はない。

この勤務実績表をよく見ると、あることに気づかされる。それは、「◎も○も△も付いていない日」と「×印が付いている日」があるということだ。無印の日も×印の日も、どちらもその日は「勤務していない」ことを示す。ではこの区別は何に基づく分類かといえば、無印の日はもと

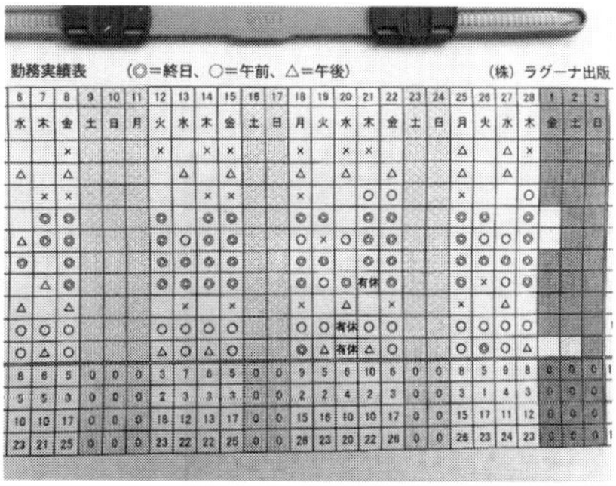
勤務実績表　（◎＝終日、○＝午前、△＝午後）　（株）ラグーナ出版

6	7	8	9	10	11	12	13	14	15	16	17	18	19	20	21	22	23	24	25	26	27	28	1	2	3
水	木	金	土	日	月	火	水	木	金	土	日	月	火	水	木	金	土	日	月	火	水	木	金	土	日
		×				×		×	×			×		×	×				△		△	×			
△		△					△		△			△		△		△			△		△				
	×	×						×	×			×			○	○			×			○			
	◎	◎				◎		◎	◎			◎	◎		◎	◎			◎	◎		◎			
△	◎	◎				◎	○	◎	◎			○	×	○	◎	◎			◎	○	○	◎			
◎		◎				◎	◎	◎	◎			◎	◎		◎	◎			◎	◎	◎	◎			
	△	◎				◎	◎	◎	◎			◎	○	◎	有休	◎			◎	×	○	◎			
△		△					×		×			×		△		×			×		△				
○	○	○				○	○	○	○			○	○	有休	○	○			○	○	○	○			
○	△	○				△	○	△	○			◎	△	有休	△	○			○	◎	○	△			
8	6	5	0	0	0	3	7	8	5	0	0	9	5	6	10	6	0	0	8	5	9	8	0	0	0
5	5	3	0	0	0	2	3	3	3	0	0	2	2	4	2	3	0	0	3	1	4	3	0	0	0
10	10	17	0	0	0	18	12	13	17	0	0	15	16	10	10	17	0	0	15	17	11	12	0	0	0
23	21	25	0	0	0	23	22	22	25	0	0	26	23	20	22	26	0	0	26	23	24	23	0	0	0

写真１　ラグーナ出版勤務実績表の一部

もと勤務予定がない日で休みであり、×印が勤務予定だったにもかかわらず出社できずに会社を休んだ（＝川畑社長の言葉を借りれば「勤務設定の変更」）ことを示している。つまりこの勤務実績表は、「勤務実績がない」という事実について、「予定された休日」と「そうでない休日」を区別して可視化しているのである。これは「精神障害者雇用における労働時間のマネジメントと支援」を検討するうえで、極めて重要な区別である。私たちは精神障害者の雇用問題を考えるとき、「適切な労働時間数はどのようにデザインされるか」に目を向けがちであるが、ラグーナ出版の勤務実績表やマネジメントから学ぶことは、労働時間数そのものの管理というよりも、予定された通りに勤務できるかどうかをまずは可視化し、そこからその人に最適な労働時間の調整を行うことが、精神障害者の雇用支援における労働時間のデザイン方法であるという事実である。「予定された通りに勤務できない」ことが有標化されることで、支援者の労働時間についての介入がしやすくなるだろう。たとえばある月のある利用者は、3週続けてすべての勤務予定日について「勤務設定の変更」がなされた。この利用者は、そのあと1か月勤務予定そのものがなくなっている。ここでは支援者の何らかの介入によって1か月程度の自宅待機（休息）が与えられたことが、すぐにわかる。

　ちなみに、勤務表で×の多い利用者は、ほぼ双極性障害や社会不安障害である。つまり、病気別の労働時間数の傾向だけ見ていても病気の区別はそれほど意味をなさないが、「予定された通りに勤務できるかどうか」という区別を導入すると、病気の区分は有意味なものになる。

3-5. 小括

　本章では、有限会社まるみの代表である三鴨の引用を手掛かりに、精神障害者の雇用における労働時間の調整について検討してきた。

　東大先端研の超短時間雇用モデルは、「9時から17時まで働く」「週に40時間働く」というすでにデザインされた労働時間では就労困難であった労働者に、就労の機会を生むことを目的とした雇用モデルであった。超短時間の雇用を1社で請け負うのではなく、地域で請け負う。しかも神戸市にいたっては、一般

企業だけではなく、これまでの慣行を曲げ、就労継続支援Ｂ型事業所までも巻き込むような、超短時間雇用モデルの実装化がなされていた。民官協働し、地域全体で障害者の労働時間数を確保するように超短時間雇用モデルはデザインされている。他方で、こうしたモデルは企業側に都合のよすぎるモデルになりえてしまう。企業側では超短時間ですむ仕事を切り出しはするが、障害者を正規雇用するところまではしないので、障害者の生活保障や社会保障までを考慮しないようなモデルになりえてしまう。また、ある程度の大規模の都市でないと、地域で超短時間雇用の創出は困難ではないかという危惧が、職業リハビリテーション学会大阪大会では報告されていた。

　他方で、本書版元であるラグーナ出版では、就労継続支援Ａ型事業所という社会福祉制度を利用しながら、30人の従業員（利用者）それぞれに合わせた労働時間の割り当てになっていた。繁忙期には利用者に残業をお願いするなど、会社都合による労働時間の配分もあるが、逆に繁忙期に調子が悪くなる従業員を休ませるといった配慮もなされており、仕事量と従業員の体調とのインターフェイスで労働時間が調整されていることが明らかになった。本調査では、病名（一部を除く）と労働時間や、勤務年数と労働時間の間に明らかな相関関係は見られないのだが、統合失調症やうつ病・双極性障害とは異なり、社会不安障害だけは「身体を職場に置き続けることの苦しさ」を反映するような労働時間の調整になっていた。社会不安障害とはいくつもの異なる身体と空間を共有することについての障害なので、労働時間のデザインというより、ワークプレイスの空間をデザインすることが、労働時間を延ばすことに結び付く可能性が示唆された。

　ラグーナ出版の勤務実績表を分析すると、「勤務実績がない」という事実について、予定された休日とそうでない休日（＝「勤務設定の変更」）を区別して可視化していることが明らかになった。このことから導ける実践に基づいた事実として、精神障害者の雇用支援における労働時間のデザインを検討する際には、「予定された通りに勤務できるかどうか」を可視化し、そこからその人に最適な労働時間の調整を行うことが明らかになった。

　ちなみにこの勤務実績表の表記方法について、調査者でもある筆者は支援者から説明を受けたわけではない。筆者がラグーナ出版の勤務実績表を数時間眺

めていて気付いたことである。この気付きを担当支援者に尋ねたところ、「予定
された通りに勤務できるかどうか」をマネジメントしているという事実が裏付
けられた。「ラグーナ出版で勤務していれば当たり前のこと」「だれでもどこで
もなされていること」は、支援者であれ障害者であれ、当の本人たちにとって
は当たり前すぎて説明すべきことと認識されないことがある。本書「はじめに」
で、本研究の方針として「障害者福祉における支援実践、とりわけデザインが
かかわる支援実践を記述することのみである」と述べたが、筆者がこのような
研究方針をとるのは、本章で明らかになったようなこと、つまり実践にかかわ
る者にとっては当たり前すぎて、調査者に対して説明すべきことと認識されな
いような事実を記述するためでもある。

　そして、このような記述をしていくうちに、いくつかの社会的事実に気付か
される。そのうちの一つに、「9時から17時まで働く」「1日8時間程度働く」
「週に40時間働く」という、労働時間がすでに社会の都合、経済の都合でデザイ
ンされた世界を私たちは生きているということ、相当に時間固定された世界を
生きているということが挙げられる。こうした「労働時間の固定化」そのもの
も、経済効率の最適化であったり、労働者の生活形態の最適化であったりする
だろう。つまり「9時から17時まで働く」「1日8時間程度働く」「週に40時間
働く」という労働時間の設計は、経済活動行動と効率化、人びとの健康、日常
生活行動と生活に必要な収入の関係といった目的に沿って最適化された労働時
間のデザインなのである。これに対し、超短時間雇用モデルやラグーナ出版の
実践は、精神障害者の体調と仕事量との関係を最適化している、あるいは最適
化を目指しているモデルや実践であるといえるだろう。

第2部　関係のデザイン

4章 地域との関係をデザインする
～精神障害者の移行支援はどのようにして可能になったか～

4-1. はじめに[1]

4-1-1. 精神障害者支援とストレングス

　精神障害者の支援の転換点とされるのが、ストレングスモデルの発見である。サリーベイ（1996）が、「私たちの文化や支援専門家には、人の状態を理解する際に、個人・家族・地域社会の病理、欠陥、問題、異常、犠牲および障害に着目するアプローチが染み込んでいる。この事実を認識することが、ストレングスを一層重視した実践へと転換させる推進力の一つとなる」と述べ、人びとの弱さにのみ注目する支援から人びとの強さ（ストレングス）に注目する支援へと、支援実践における着眼点の転換を促して以降、障害者福祉だけでなく地域福祉の文脈においても、ストレングスを活かした支援の重要性が指摘されている。たしかに障害者とは何らかの困難をもつ人たちの総称であり、その困難だけに着目したところで困難が困難でなくなるわけではない。何らかの困難をもつ者たちが地域で自立して生きていくためには、その困難を補うための強さが必要なのは当然であるし、障害当事者や地域の強みを活かした支援をすることで、精神障害者の地域での自立が見込めるようになるのは理にかなっている。このような、支援における着眼点の転換を促すストレングスモデルの理念は、穏当な主張といってよいだろう。

　だが、ストレングスモデルを調査研究や実践において使用しようとするとき、避けて通れないのがストレングスの定義、「ストレングスとは何か」という問題であるように思われる。「ストレングスとは何か」が確定しない限り、ストレン

---

1)　本稿は本論文集に収録するため、海老田・野﨑（2016、2018）に大幅な加筆修正をしたものである。

グスモデルを使用することはできない。論理的に言って「ストレングスの定義」は「ストレングスモデルの使用」に先行する。しかしながら「ストレングスモデル」は、その使用が検討されるときに、少し奇妙な状況を生み出している。小林ら（2011）の書いた『保育者のための相談援助』という教科書には、次のような事例が紹介されている。ある支援すべき母子家族があり、この母子家族の課題とは、解雇直前である母親の資格取得と再就労であった。その相談にあたった担当保育士が「母子家族という強みを生かして、市（町・村）の母子自立支援員に応援を求め」る（下線強調は引用者による）という事例である。教科書にはストレングスの活用がこの事例の要点であるという説明もある。紹介された事例は、市区町村の母子自立支援員にこの母子家族をつないだことによって、母親の資格取得と就労が成し遂げられるという話になっている。つまり一般的にはストレングス・強みと考えられないことも、支援の実践例においてはストレングスの例に含まれていることがわかる。

　さて、この事例は母子家族がもとで母親の就労が脅かされるという物語になっており、一般的に言っても母子家族という事実は強みというよりむしろ弱みとして捉えられる。実際に母子家族を支援する法律があるのは、母子家族を弱みとして立法機関が捉えているからに他ならない。したがってこの事例において「ストレングス概念が乱用されている」「弱みを強みと述べている」と指摘することはたやすい。しかしながら、この事例を紹介した小林らにとっても、この事例に関係する母子家族にとっても、この母子家族を支援した保育士にとっても重要なことは、母子家族がストレングスの定義に適合するか否かではない。重要なのは支援者が介入して母子自立支援員という、母子家族支援のための社会資源につないだ支援実践そのものであり、このような支援員につながることは、就労を脅かされている母親の再就労へと導かれるであろうという、支援実践での見通しである。つまり、支援実践において最重要なのは、ストレングスの定義でもなければストレングスモデルの使用でもない。ストレングスとして見いだされるのは、精神障害者本人に何らかのよきものがもたらされるであろうという見通しを立たせてくれる手がかりや社会資源であり、その発見は支援実践の目的に対してアドホック（臨機応変）になされるのである。したがって、それが一般に強みと思われるものでなくてもよいし、そもそも何がス

トレングスに含まれるかは支援の実践と切り離して決定できる問題ではないのである。ストレングスの発見と活用が実践的目的に対してアドホック（臨機応変）になされているのであれば、その都度どのように可能になっているのか、その方法・デザインを問うことができる。

4-1-2．NIMBY問題

　また、地域と精神障害者支援施設の関係を考えるうえで、しばしば言及されるのがNIMBY問題である。NIMBYとはNot In My Back Yardの頭文字をとった造語で、たとえば「社会における精神障害者支援施設の必要性は認めるが、私の隣には建てないでね」という地域住民などの態度を示している。ひとたびこのような住民運動が起きてしまうと、地域住民との関係づくりのハードルは一段も二段も高くなってしまう。里見（2018）は、山口県美祢市にある美祢社会復帰促進センターについて、コミュニティビジネスという観点から検討を行い、「NIMBYがみとめられてなお、対象施設の設置を実現し、相互理解の扉を開く」可能性や、「ソーシャルエクスクルージョン（社会的排除）に対抗し、多様な人々との共生を目指す『社会的包摂』とも呼ばれるソーシャルインクルージョンの実践例」を示した。本書の関心に引き付けていうならば、里見（2018）の論考には、国の刑務所不足問題、地域の人口減、過疎化、NIMBY問題、受刑者の更生問題といったさまざまな問題に対する最適化実践が記述されている。NIMBY問題は、精神障害者たちが地域で生活する権利と住民が自分たちの生活の脅威になりそうなものに対して反対を唱える権利の戦い、つまり権利と権利の闘争である。他方、里見（2018）は、権利と権利の闘争そのものを記述したというよりも、地域との関係をデザインする方法論を記述したのである。

4-1-3．本章の目的

　そこで本章では、「ストレングスとは何か」を定義することを目的とせず、ある精神障害者支援のデザインが、どのようにさまざまなリソースを利用可能にし、何を達成（しようと）しているかを記述する。なかでも、カフェHでは支援のデザインが「地域」のリソースの複合的な活用に向けられており、そうしたリソースの集合こそを支援のための「（地域の）ストレングス」として彼らが

捉えていること、たとえば施設外の就労実習先として地元企業からの協力をどのように得るか、内外装の装飾やカフェHに置かれている家具がどのように制作されたか、レシピ作成がどのようになされたか、などを示す。

4-2. 研究対象

4-2-1. カフェHについて

　本研究の調査対象となるカフェHは、1999年にNPO法人の認証を受けたNPO法人ＮＦが運営母体となっている。カフェHは、精神障害を抱えた利用者が一般企業に移行するために設けられた、職業訓練場としてのカフェである。カフェHは、働きながら社会で自立するために必要な技術・能力を習得する機会を提供すること、病気とつきあいながら、本人が無理せず安心して過ごせる場を提供すること、喫茶店として地域住民、一般の方に身近に利用してもらい、地域社会の精神障害者に対する理解を深めていく[2] ことを目的として設立されている。

　就労支援施設がカフェであること自体、すでに地域との関係をデザインしている。飲食業であるということは、何らかの食事や飲み物を提供することで収入を得ることができる。カフェHの2016年度の総収入は、約3,000万円[3] であり、そのうち喫茶収入が約650万円を占める。こうした収入は利用者の工賃に反映されるが、障害があっても工賃としてある程度の収入があれば、利用者が買い物をすることで地域にお金を落とすことができるようになる。また、地域にとって飲食できる店が増えるということは、地域の人びとにとっても外食のバリエーションが増えることになる。就労継続支援B型事業としてカフェを開設している別の法人では、カフェ開設の第一の理由として、工賃アップや就労の場を創設するという理由ではなく、「地域貢献」を掲げている。障害者就労支援施設が飲食業を開くということは、それだけで地域との関係を開かれたものへと

---

2)　実はカフェHが設立される数年前に、カフェHがある地域で精神障害者が殺人事件を犯してしまい、精神障害者への偏見が広まっていたという経緯もある。つまりカフェHは一般的にいって開設の理解が得られにくい地域に開設されたのである。

3)　「特定非営利法人ＮＦ　第19回総会議案書」（2017）による。

デザインすることができるのだ。

　また、カフェHの特徴の一つに、作業療法士が多く所属し、組織の中心的役割を果たしていることが挙げられる。「諸外国と比べれば、日本における専門職としての作業療法士はできることがたくさんあり、そのポテンシャルをまだまだ発揮できていない」というのが理事長の持論である。また、多様な立場の者で構成されている。理事の一人は自らも芸術活動をし、草間彌生などとの親交があったりと、芸術方面にも詳しい者もいる。安定した法人運営とは裏腹に他業種との兼業者も多く、複数の名刺をもつ支援者も多数存在する。

4-2-2.　カフェHの移行率

　就労移行支援[4]とは、「一般就労等を希望し、知識・能力の向上、実習、職場探し等を通じ、適性に合った職場への就労等が見込まれる障害者（65歳未満の者）」のうち、「企業等への就労を希望する者」を対象にした支援である。就労移行支援施設でのサービスは、「一般就労等への移行に向けて、事業所内や企業における作業や実習、適性に合った職場探し、就労後の職場定着のための支援等を実施」することで、「通所によるサービスを原則としつつ、個別支援計画の進捗状況に応じ、職場訪問等によるサービスを組み合わせ」ることが認められており、「利用者ごとに、標準期間（24ヶ月）内で利用期間を設定」される。2015（平成27）年2月の段階で、日本全国には2,952事業所があり、28,637人の利用者がいる。

　ここでは「1年間に何％の利用者が一般企業に移行できたか」という達成率が、目標達成としての一つの指標になる。精神障害者の就労移行支援における一般就労の移行率の全国平均が例年15％程度なのに対し、2016年度のカフェHの一般移行率は80％以上[5]と、全国平均に比べ5倍以上のパフォーマンスを達成している。さらに驚くことには、カフェHから就職した人びとの2016年度就労定着率は93.3％[6]という数字である。

---

4)　厚生労働省（2015）「障害者の就労支援について」参照（http://www.mhlw.go.jp/file/05-Shingikai-12601000-Seisakutoukatsukan-Sanjikanshitsu_Shakaihoshoutantou/0000091254.pdf）。

5)　「特定非営利法人NF　第19回総会議案書」（2017）による。

6)　「特定非営利法人NF　第19回総会議案書」（2017）による。

　福井ら（2014）によれば、2011年までの10年間の離職率の平均は、身体障害者では約12％、知的障害者では約9％であったのに対し、精神障害者は約44％であった。精神疾患そのものが退職理由に直結しがちな障害であることを考えれば、精神障害者の離職率が他の障害と比べて突出して高いこと自体にそれほど驚きはない。驚くべきは、カフェHの就労定着率[7] のほうである。

4-2-3.　福祉型カフェ事業の歴史

　飲食店併設型の契機といわれるのは、スワンベーカリーの登場[8] である。小倉（2003）によれば、スワンベーカリーは、ヤマト福祉財団独自の障害者雇用支援事業であり、「アンデルセン」や「リトルマーメイド」などのパン屋を全国展開するパン製造・販売大手のタカキベーカリーから、冷凍パンの技術供与を受け、株式会社スワンの直営店あるいはフランチャイズとして、ベーカリーとカフェを全国展開している。ヤマト福祉財団理事長の小倉を動かしたのは、月額1万円程度の低工賃で働いている全国の障害者の置かれている状況への憤りそのものであった。

　しかしながら、こうしたカフェを就労支援施設に併設したからといって、直ちに就労移行支援がうまくいくわけではない。岡（2012）は、障害者を多く雇用するあるパン屋が成功したので、他の就労支援事業所でもベーカリーカフェを開設したが、その多くはうまくいかなかったことを指摘している。精神障害者が働けるようになるためには、また、ひいては福祉的就労ではなく一般企業で働くためには、他所での実践をまねるだけではうまくいかず、利用者や相談員、就労支援施設のある地域に最適化されたいくつもの創意工夫や微調整が必要となる。カフェHに入店する一般客は、カフェHが就労支援施設であることを知らずに入り、そのまま気づかずに店を後にすることが少なくない。カフェHに入店する一般客にとって、カフェHはあくまで飲食を楽しむカフェであり、就労支援施設ではない。注目されるべきはまさにこの点にある。要は、説明されなければ気づかれない程度に、客が「雰囲気を楽しむカフェ」であることと、

---

7)　当時の店長によれば、「大事なのは数字の達成ではない。数字に表れない支援の方がむしろ大切」なのだ。

8)　とはいえ、カフェHの誕生はスワンベーカリーよりもさらに早い。

「精神障害者の就労支援施設」が両立しているのである。日本で精神障害者支援に飲食業を取り入れた先駆者の一人である松浦（1997：2002）の「クッキングハウス」と異なるのはこの点で、「クッキングハウス」が「心病むひとたちの心安らぐ居場所」であることに専念しているのに対し、カフェHは精神障害者が地域住民の生活の場に出て働くことについての支援が中心である。

4-3.　デザインの記述

4-3-1.　施設外の就労実習先の確保

　カフェHはK駅から徒歩5分の商業地域に位置している。カフェHの敷地前の道路は道幅が8m程度あり、向かいには寿司屋がある。ただし商業地域ではあるものの、住宅に隣接しており、人通りや車もそれほどたくさんの往来があるわけではない。K駅前は、以前は在来線の乗り継ぎ駅として栄えたものの、近年は隣に新幹線停車駅ができたこともあり、年々さびしくなってきている。コミュニティに入り込み、かつコミュニティに開かれた就労移行支援とは、コミュニティの課題を共有することでもある。たとえば駅前活性化、労働力の減少などのコミュニティの課題は、当事者である精神障害者や支援者であるカフェHの課題でもある。コミュニティの損益は、自分たちの損益に結びつく。

　このような商業地区の労働力の減少が進むなか、K駅前活性化事業にカフェHの職員や利用する当事者がともに参加している。たとえば、K駅前の清掃や花壇の手入れ、K駅前の町興しイベントを中心に、カフェHが出店するような試みをしている。この出店こそが地域のストレングスを活かすための最初の仕掛けである。駅前に出店することは、カフェの売り上げを伸ばすことだけが目的ではない。出店したときに隣接する一般の商店との関係をつくることも目的となっている。一般の商店との関係をつくることで、その商店の主に人的資源に関するニーズを引き出すことが可能になる。つまり「繁忙期はいつで、この時期は人手がほしい（が、普段継続的に人を雇用する余裕はない）」などの人的資源に関するニーズを引き出すことで、「カフェHの利用者を実習生として使ってみませんか」という提案をするのだ。また、出店することで、仮に精神障害者であったとしても、ちょっとした配慮があれば十分に働くことは可能である

ことを示すことができる。たとえば販売員などの仕事を任せ、その任された仕事を遂行させる。隣接する商店との関係をつくっていくことで、人的資源に関するニーズを引き出し、利用者たちの能力を示すことによって、就労支援のための実習先を確保しているのである。

　現在、カフェHの就労支援のための実習先は、製麺所や米問屋、他の洋菓子店の補助、宿泊地などの清掃業、酪農業、乗馬場でのサラブレット飼育[9]、介護施設での介護補助や事務業務、フットサル場の管理など、多岐に渡っている。実際に実習が正規採用につながることもある。こうした一般企業での実習先を確保したり、実習をコーディネートすることは、就労移行支援における最重要業務の一つである。また、実習協力先を確保することは、就労移行支援実践における最も難しい業務の一つでもある。実際、カフェHの高い移行率を支える最大の要因として、実習中心の支援ができるということが想定されうる。就労支援施設の職員は、実習先を確保できた時点で正規採用に大幅に近づいたという見通しを立てている。それほどまでに、施設外就労を可能にする実習先の確保は、就労移行支援にとって重要なのだ。

　一般企業での実習中心の就労移行支援が可能なのは、カフェH自体が常に地域や一般客に開放された環境であり、かつカフェHが恒常的に実習先の確保に努めているためであろう。カフェHのある地域や、地域に根ざす一般企業やその企業に勤めている人びと、一般客を就労支援のための社会資源として徹底的に活用する支援の仕組みになっている。

4-3-2. 内外装の装飾やカフェHに置かれているマテリアルの作成

　カフェHは中古の一軒家をリフォーム（写真1参照）して造られている。別棟には活動室や相談室が設けられており、管理委託を受けている石蔵もある。決して新しい建物とは呼べないのだが、その骨組みや間取りなどの基本構造以外のリフォームは基本的に自分たちでなされている。客席は完全屋内にテーブ

---

9) サラブレット飼育の実習については興味深いエピソードがある。カフェHで就労のためのトレーニングをしていた強迫性障害のNさんは、その障害特性上トイレ掃除ができなかった。しかし、サラブレット飼育の実習に行き、実習から戻ってくると、トイレ掃除ができるようになっていたのである。

ル席が2セット、カウンター席が約
10席分ある。半屋内であるテラス席
（写真1、2参照）にはテーブル席が
7セットある。テラス席は庭に隣接
しており、扉を開けるとすぐに庭に
出ることができる。屋外である庭に
もテーブルが1セット（写真3参照）
あり、天気が良い日はそこでも食事
をとることができる。

　興味深いのはカフェHで使用され
ているテーブルや椅子である。特に
テラス席で使用されているテーブル
や椅子（写真2参照）がわかりやす
い。よく見るとテーブルも椅子も不
揃いであり、一部の物は角が欠けて
いたり、椅子やテーブルの脚がさび
ているなど、軽微な破損もある。た
とえば写真3のテーブルは、廃棄予
定だった板に修復を加え、精神障害
者である利用者と常勤スタッフが協
働して作製されたものである。よく
見ると一枚板が割れているテーブル
もあり、その割れた板を修復して利
用している。そのようにして入手し、
自分たちで手直しをしたテーブルや

写真1　カフェHのテラス席

写真2　テラス席のテーブル

写真3　庭にある手作りのテーブル

椅子が並べられている。中には廃校になった学校から入手した椅子などもある。
いくら手直しをしたからといって、こうした不揃いで軽微であれさびがみられ
るようなテーブルや椅子を飲食業店で並べるのは、適切ではないと思われるか
もしれない。しかしながら、これが不思議なほどテラス席のスペースと調和が
取れていて、注意深く見なければ椅子やテーブルが不揃いであることに気づく

ことすらない。

　このようなテラス席におけるテーブルや椅子の配置には、一つの考えが反映されている。一部の破損などがあるからといって、直ちに不要なものとは見なさず、空間配置の方法や部分的な修正などの創意工夫によって、そのような古びたものや不揃いのものを、その空間全体の中で調和させるというものだ。端的に言えば、カフェHで使用されているテーブルや椅子は、「ある種の欠損があったとしても、調整や配置によって心地よい空間を生み出す資源」として再活用されている。こうした空間配置そのもの（とそれを支える考え）が、「地域のリソースを（再）活用した支援」のデザインであり、手近な「廃品」は彼らの実践のリソースとして活用できる限りで、「地域のストレングス」の一部になっている。

　カフェHにおいて、特に目を引くのが豊富な小物や装飾品である。たとえば写真4にあるような観葉植物は、自然豊かな黒磯駅地区のストレングスが活かされていると言えよう。これらの植物は、購入されたものではない。カフェの支援者の言葉を借りるならば、「そこらへん（主に庭など）に生えているものをブチッと抜いてきて活けるだけ」である。こうした豊富な観葉植物の設置は、庭などの屋外との連続性ないし調和をテラス席にもたらしている。

写真4　テーブル上の小物

　写真5で確認できる天井の布を見てみよう。この布は、テラス席の天井に張られているものなのだが、テラス席の屋根はよく見るとわかるとおり、透明でプラスチック素材で作製されている。だが、夏になると日

写真5　天井の布

照によってテラス席がとても高温になってしまうというトラブルが生じた。そこで対策として天井板を張るというアイデアも出されたのだが、せっかくの明るさや開放感が犠牲となってしまう。そのような悩みを抱えていたとき、ある

カフェ好きの利用者から「布を張るとおしゃれでよい」という提案を受けた。そこでこのようなベージュがかった白色の布を張ることで、明るさや開放感を損なうことなく、熱を導いてしまう紫外線などをカットすることに成功したという。

ここで取られた対応策についても少しの考察をはさんでみたい。透明のプラスチック素材によってテラス席が高温になってしまうのであれば、「日照をシャットアウトする」ということが第一の選択肢として挙げられそうであるし、実際に挙げられた。しかしながら、その選択をしてしまうと、確かに熱はシャットアウトできるものの「明るさや開放感が損なわれてしまう」。そこで出された代案が布の使用である。この布を使用することで、余計な熱をこもらせてしまう紫外線をカットし、なおかつ明るさや開放感を犠牲にせず、さらには美的にも優れたインターフェイスを生み出すことに成功している。つまり、二者択一的な選択をするのではなく、トラブルを解決しつつ、美的なものを犠牲にせず、むしろトラブルの対応策と美的センスを両立させるような選択がなされている。「二者択一的な選択」ではなく「二者両立を志向する」方策は、「取捨選択を志向する」のではなく「最適の選択を志向する」という点において、商業的な意味でのデザインに限定されない、技術上のディテール、機知や良識、創意工夫という、従来的な意味でのデザイン（Rawsthorn2013＝2013：16-49、海老田他2015：2017を参照のこと）といえるだろう。カフェHにあるマテリアルの一つ一つがこのようなデザインであふれている。

4-3-3.　レシピ作成における仕掛け

カフェHで提供される飲食物（写真6）について見てみよう。相談支援専門員などの専門職者は就労支援の専門職者であって、飲食業やカフェ運営の専門職者ではない。カフェの支援者の言葉を借りれば、「自分たちの力だけではたいしたものはお客様に提供できない」。しかし、だからといってカフェHでは粗末な食事を提供しているわけではない。実は、提供する料理の

写真6　ホットサンド

レシピについては自分たちで生み出すのではなく、地域のボランティアから提供いただいている。地域には、カレーライスやホットサンドなどの料理やケーキなどのスイーツを作ることができる人びとがたくさん存在している。実際に飲食業者として働いていたがすでにリタイアされた人もいる。こうした地域に根ざすボランティアを活用することで、飲食業専門職者に劣らない商品の提供が可能になっている。地域のボランティアこそ地域のストレングスである。

　こうした地域のボランティアを活用することでもたらされる効果は、「より良い商品を提供できる」、「商品開発のための経費を抑えることができる」といった商品と金銭の直接交換に関わるものだけではない。このような商品開発を支援したボランティアが、友人や知人などを伴って、カフェHにお客として来店する仕掛けにもなっている。つまり、商品開発に地域のボランティアを活用することで、より継続的に来店する一般客の確保にもつながっている。一般客が増えることによってもたらされる効果は、経済経営的な金銭的利益だけではない。これは精神障害者と健常である一般客の接点が増えることを意味している。文字通り人と人とのつながりを増やすことにもなる。

　メニュー表にある値段設定にも注目してみよう。主なメニューとして、コーヒー一杯が500円弱、カレーとドリンクのセットが約1,000円となっている。運営主体が気をつけていることは、「地域の同業他店に迷惑をかけるような値段設定をしてはならない」ということである。運営主体はNPO法人であり、商品の値段を「商品材料の仕入れ値＋α」程度に設定することも可能である。しかしながら、このような値段設定をしてしまうと、地域のお客をすべて回収してしまい、かつ、さばききれないほどの客を招き入れてしまう恐れがある。逆に値段を高価に設定してしまうと、一般客が全く寄り付かなくなる。つまり、カフェHにおける商品の値段は、一定の集客が見込め、かつ「地域の同業他店を圧迫するような値段設定をしてはならない」ということを一つの基準に設定されている。

　このようなレシピの作成や値段設定にしてみても、地域のボランティアを頼り、地域の同業他店に迷惑がかからないといった工夫や調整、つまりデザインがなされている。

4-4.　結論

4-4-1.　カフェHにおける就労支援実践についての考察

　NPO法人が運営主体である以上、カフェを運営する費用には限界がある。営利目的でカフェを運営するわけではなく、精神障害者の就労支援の一環としてのカフェ運営である。したがって、内外装の装飾やカフェHに置かれている家具や小物、レシピ作成上の工夫などに対する予算は相当限られたものになる。つまり、地域のボランティア（≒ストレングス）を最大限に活用することは、NPO法人が運営するカフェとして、経済面で最適化されることになる。

　他方で、支援員などの専門職者は就労支援の専門職者であって、カフェ運営の専門職者ではない。そこで、内外装の装飾、小物、レシピを考えることが好きなボランティアを募り、参加していただいたボランティアにはそれぞれの得意な分野（≒ストレングス）でのアイデアを提供してもらう。ボランティアは基本的に自分の好きなこと、趣味の延長で手伝いをするような負荷の少ないボランティアの組織化になっている。ここに一つの調整や工夫が見てとれる。募集するボランティアと、ボランティアが担う作業のマッチングが双方の嗜好に最適化されている。ボランティアの作業や業務はボランティアへの義務的負荷が最小化される工夫として、ボランティアの得意なこと、好きなことが活かされるように調整されており、なおかつカフェの内外装の装飾、小物、レシピの作成が支援員のみでは提供できないサービスを、商品開発への投資なしで提供を可能にしている。

　カフェHの実践における地域活性化への志向自体がボランティアにとっての魅力や動機付けになるならば、図1のようなサイクルが生じているのかもしれない。別な言い方をするならば、カフェHによる地域との関係のデザインを俯瞰すると、「地元企業を中心とした地域活性化事業への参画」など地域への開かれた活動を志向することで、「施設外就労実習先の確保」、「ボランティアになりうる人材の確保」、「魅力的な食事・居場所の提供」が可能になり、さらにはそれぞれのカフェHによる行為（参画、確保、提供など）がそれぞれの行為をさらに可能にしている相互行為が見えてくる。カフェHのさまざまなデザインは、

相互に地域の「ストレングス」を活かすことに適したサイクルを、すべてが綺麗に循環のなかにおさまらないかもしれないが、部分的にであれ構成しているともいえるだろう。

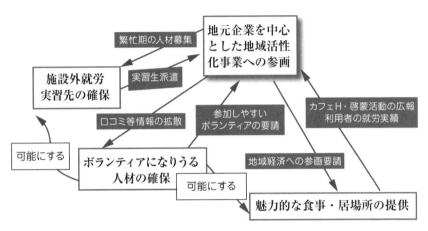

図1 カフェHの地域デザインイメージ図

　カフェHにおける、このような最適化の志向は、ボランティアの組織化に関わることだけではない。前述したテラス席のテーブルや椅子の作製方法や天井の布の工夫、レシピの仕掛けのように、カフェHでは、あらゆるトラブルが二者択一的な選択ではなく、たとえ何らかのトラブルがあったとしても、最適化される方向で調整される。こうしたデザイン＝最適化志向は、実はカフェHにおける精神障害者の就労支援の考えそのものである。精神障害者の困難だけに注目してしまえば、一般企業での就労を諦めざるを得ない現実がある。しかしながら、精神障害者本人のできることや地域のストレングスに目を向け、そのストレングスを活用した精神障害者の就労が、一般企業のニーズと調和されるように調整されれば、たとえ何らかの困難があったとしても、精神障害者の一般就労は可能になる。

　地域のストレングスを活かしたカフェHは、文字通り地域の人びとの集いの場になっている。就労支援事業所とは認識せず、一般のカフェとして来店する客が多い。実はこのこと自体が、精神障害者への偏見を取り除く地域への啓蒙

活動にもなっており、週末や祝日にはこのカフェで講演会、ライブ活動、ステンドグラス制作のためのワークショップなどのイベントも実施されている。黒磯駅前など地域でのイベントがあればカフェHも出店し、隣接する他店との交流を深め、就労の機会を得ている。カフェHは、精神障害者の就労支援のための地域の拠点として機能している。精神障害者の就労移行支援施設と雰囲気を楽しむカフェが両立しているのである。

4-4-2. ストレングスモデルと本研究の関係についての考察

　最後に、本研究とストレングスモデルとの関係について考察し、本研究のまとめとする。NPO法人ＮＦでは、地域住民のストレングスをさまざまな場面で活用しており、その巻き込み方も対応する職員によって多種多様である。地域住民への依頼は、事業所運営の中で生まれる細かな困りごとに対するものが多い。具体的には、カレーのレシピ作成、店内に置く本の選別、喫茶店でのイベント企画、焼き菓子の販路、訓練実習の確保などが挙げられる。そしてこうした地域との交流の機会の増加こそが、地域住民の偏見を取り除く機会の増加を意味する。

　本研究は、研究者がストレングスの定義を行い、ストレングスの特定や使用から成功事例を報告するものでもない。なぜなら、上記の地域住民の巻き込み以外にも、カフェHの特徴的な就労移行支援の仕方として企業実習（施設外実習）がきわめて多いこと、就職者OBOG会の定期開催、第1号職場適応援助者（ジョブコーチ）支援の実施など、これらの支援方法をストレングスとしていくらでも挙げることはできるからだ。つまり、支援方法を遡及的にみれば、あらゆるものがストレングスになりうる。カフェHのユニークさは、多様な局面をデザインすることによって、地域の物的・人的・関係的資源をストレングスとして、複合的な活用を志向していることである。本章での記述は、とりわけカフェHの支援者たちが実践とのかかわりにおいて見いだす「ストレングス」の記述なのだ。したがって、実践から切り離されたストレングスの定義を行い、その定義に当てはまるようなストレングス探しをすること自体ナンセンスであり、そのような研究方針をとることはしなかった。

　カフェHの就労移行支援のハイパフォーマンスの理由を、単一ストレングス

や複数のストレングス因子の組み合わせによって説明することも難しい。なぜなら、いくらストレングス因子を活用したところで、あらゆる精神障害者にそのストレングス因子がストレングスとして機能する保証などどこにもないからである。精神障害者への支援方法は、一人ひとりが抱える困難に即して最適化されなければ、支援は成り立たない。ストレングスモデルをモデルとして支援に当てはめること自体には、支援実践にも研究そのものにとってもほとんど意味がない。同様に、「ストレングスの定義」は研究者が定義すればよいというものでもない。ストレングスは、精神障害者本人やその支援者、さらには本章のケースからも明らかなように地域との関係によって見いだされることで、はじめてストレングスとして機能するからだ。

　本研究が目指したのは、高い就労移行率や就労定着率を誇るカフェHの実際になされている就労支援に見通しを与えるような実践を記述することであり、カフェHの支援実践のなかにある説明可能なデザインを記述することであった。

5章 | 家族との関係をデザインする
～映画「万引き家族」を手がかりに～

トート「王様、この文字というものを学べば、エジプト人の知恵は高まり、
　　　もの覚えはよくなるでしょう。私の発見したのは、記憶と知恵の薬
　　　（パルマコン）なのですから」
タムス「たぐいなき技術の主トートよ、技術上の事柄を生み出す力をもっ
　　　た人と、生み出された技術がそれを使う人びとにどのような害を与
　　　え、どのような益をもたらすかを判別する能力をもった人は別なの
　　　だ。いまもあなたは、文字の生みの親として、愛情ほだされ、文字
　　　が実際にもっている効能と正反対のことをいわれた。なぜなら、人
　　　びとがこの文字というものを学ぶと、記憶力の訓練がなおざりにさ
　　　れるため、その人たちの魂のなかには、忘れっぽい性質が植えつけ
　　　られることだろうから。それは他でもない、彼らは、書いたものを
　　　信頼して、ものを思い出すのに、自分以外のものに彫りつけられた
　　　しるしによって外から思い出すようになり、自分で自分の力によっ
　　　て内から思い出すことをしないようになるからである……」
　　　　　　（プラトン『パイドロス』274-275、下線強調は引用者による）

5-1. 本章の目的

　「障害者の」雇用問題というようにわざわざ「障害者の」と付記されるとき、
意図的・非意図的に関わらず「健常者の」雇用問題と対比されることになる。
障害者差別解消法に関していえば、「障害者」という理由で採用試験の受験権利
を与えないこと、不採用にすることは端的に差別であることを示している。こ
のような政策は障害者に固有の問題を取り上げているといえる。他方で採用に

関していえば、健常者／障害者の区別を問わない問題がある。たとえば企業側が求める人材像や能力と、応募者の人材像や能力がマッチングしない場合、その応募者は健常者／障害者の区別を問わず不採用になるだろう。つまり、採用におけるマッチング原理自体は障害者雇用に固有の問題ではない。本研究では障害者の雇用問題に固有なものの一つである、「障害者の家族」と「企業や福祉事業所」の関わりに着目する。採用時に健常者の家族が企業側との面談を受けたり、何らかの関わりをもち続けるという事例は例外的に思える一方で、筆者らが調査協力を得た2社は、ともに採用時と雇用後に障害者の家族と関わりをもっている。採用における被採用者の家族づくりは、障害者雇用に固有の領域である。なお、本研究で取り上げる家族とは、原則として障害者からみた定位家族（出生家族）を指している。

　本章ではまず、2系統の先行研究について概観する。一つが障害者とその家族の関係に関する内容であり、もう一つが障害者雇用における賃金や権利擁護についての研究である。前者は本研究の調査対象である「障害者とその家族の関係」に関する研究領域であり、後者も同様に「障害者雇用」に関する研究領域である。次いで本研究における調査および調査概要についてまとめる。2節、3節ではインタビューデータを検討し、4節において本研究の総括を行う。

5-1-1.　先行研究1：障害者とその家族の関係について

　陳（2009:53-81）は、一般就労における「母親の支援がもつ意味」について検討している。陳のインタビュー協力者の職場は「知的障害をもつ従業員に対し特別な配慮を払う職場と思われるが、その配慮は社内に限られて」おり、「『職場までの安全通勤』や『無遅刻』や『健康管理』などは家族の責任」とされる。また、職場で何かあったときは親が呼ばれ、会社との連携が随時要求されるという。他方で土屋（2002：151-181）は、障害者の母親であることは、〈普通の子の親とは比べものにならないくらい〉母親であること、母親としての責任を果たすことが求められていることを指摘している。つまり、陳の指摘する一般就労における「母親の支援がもつ意味」は、そのまま土屋の指摘する過重なまでの「母親としての責任」になっている。

　障害者とその家族との関係は、実は被保護者−保護者のような全く単純なも

のでもない。岡原（1990→2012）が指摘するように、青い芝の会に代表されるような自立生活を志向する障害者たちは、「脱家族」を宣言してきた歴史がある。青い芝の会の中心人物の一人であった横塚は、「脳性マヒのありのままの存在を主張することが我々『青い芝』の運動である以上、必然的に親からの解放を求めなければならない。泣きながらでも親不孝を詫びながらでも、親の偏愛をけっ飛ばさねばならないのが我々の宿命である」（2007：27）と述べている。ただし、この横塚の宣言を文字通りの意味で捉えることはできない。石川によれば、「全身性障害者たちは、自分たちの親を非難したのではない。拒絶しようとしたのでもない。社会が障害者の親に担わせている役割を徹底的に批判しようとした」（1995：39）のである。

　知的障害者の権利擁護を誰がやるのかという問題を考えてみてもよい。成年後見制度は必ずしも成年後見を家族が担うことを想定したシステムではない。現代社会における法制度や知的障害者の判断能力を検討し、家族後見の是非を検討した細川は、「家族が後見人になるということは、現代においては、理念としては相反するのではあるまいか」（2010：177）と述べている。「親亡きあと」問題を考慮すればこの制度の意味もさらにわかりやすくなる。

　しかしながら障害者雇用において、雇用される障害者の生活リズムや健康の管理、あるいは権利擁護を実際にしているのは家族である。つまり青い芝の会が脱家族を宣言して40年以上経った現在においても、障害者たちが脱家族を達成したとは言いがたい状況なのだ。

5-1-2．先行研究2：妥当な賃金はいくらか

　民間企業で障害者雇用業務に10年以上携わっている安部（2003：108-116）によれば、知的障害の雇用に携わるとき頭を悩ませる問題の一つに「妥当な賃金はいくらか」という問題があるという。労働者の賃金については、最低賃金法という法律があり、2008年に改正されている。労働者の賃金の下限は法律で定められている。しかしながら、これについては第七条で最低賃金減額の特例に関する条文がある。

最低賃金法第七条（最低賃金の減額の特例）

　使用者が厚生労働省令で定めるところにより都道府県労働局長の許可を受けたときは、次に掲げる労働者については、当該最低賃金において定める最低賃金額から当該最低賃金額に労働能力その他の事情を考慮して厚生労働省令で定める率を乗じて得た額を減額した額により第四条の規定を適用する。

　一　精神又は身体の障害により著しく労働能力の低い者（以下略）

　厚生労働省が作成した「最低賃金の減額の特例許可申請書の記入要領及びそのパンフレット」（2009）には、「単に障害があるだけでは、許可の対象にはなりません」と記載されている。企業側は「その障害が業務の遂行に、直接、支障を与えていることが明白である」ことを証明しなければならない。その際なされるのが、減額対象労働者と一般労働者との比較である。比較対象となる一般労働者は「同じ事業場で働く他の労働者のうち、減額対象労働者と同一または類似の業務に従事していて、かつ、最低賃金額と同程度以上の額の賃金が支払われている方の中から、最低位の能力を有する」者である。比較対象の一般労働者の労働能率が100で、減額対象労働者の労働能率が100分の70のときには、減額できる率の上限は30％となる。

　安部（2003：108-116）によれば、最低賃金法第七条条文の「著しく」の文言をどう解釈するかが問題である。企業側の論理からいえば「著しく」の文言を拡大解釈し、従業員に支払う賃金は安く抑えるのが合理である。では障害者やその家族にとっては、この法律の条文をどのように運用解釈するのが得策なのか。一つは最低賃金減額の特例許可は一切認めないという立場である。第七条の運用次第で最低賃金が減額できるのであれば、何のための最低賃金基準なのか。では障害者やその家族が最低賃金特例許可を認めることのメリットはないのかといえば、そうでもない。というのも、この特例許可を容認することで、より多くの障害者雇用が実現する可能性がある。仮に、特例許可を認めないのであれば一人しか雇用できないが認めるのであれば二人雇用できるといった場合、被雇用者側や就労支援者側からすれば、特例許可を認めるか認めないかの判断は容易ではない。

　また、障害基礎年金の受給を考慮するかどうかの問題もある。経済の理屈に従えば、給与は労働の対価であり、年金は国の社会保障の個人給付であるから、企業から支払う「妥当な賃金はいくらか」を検討するのに、障害基礎年金を考慮する必要は全くない。もしあるとするならば、障害基礎年金受給資格の上限である所得制限を超えないように配慮するくらいであろう。しかしながら安部はこの障害基礎年金などの社会保障は「妥当な賃金はいくらか」を検討する上で、むしろ考慮に入れるべきであるという。つまりここで優先すべきは障害者の社会的自立であり、給与と障害基礎年金を合算して社会的自立や採用に結びつき、なおかつ障害者雇用の間口が広がるならば、そのほうが上策であり、かつ障害者のニーズにも即したものではないかと主張している。

5-1-3. 先行研究の検討から導かれる問い

　以上のような先行研究の検討より、本研究の問いは大きく分けて次の二つになる。一つは陳（2009）が取り上げた点で、「障害者家族に期待される障害者本人の生活ならびに健康管理に関する支援体制が、どのようにデザインされているか」という問題であり、もう一つは安部（2003、2005）や細川（2010）が問題提起している点で、「障害者の労働条件などに関する合意形成と権利擁護の支援体制が、どのようにデザインされているか」についてである。本研究の目的は、これら二つの問いを検討することで、そのデザインの志向を明らかにし、その記述を通して現在家族が担っている障害者の支援体制を明確にする。現在は家族によって支えられている支援体制が記述されて明確なものになれば、すなわち誰でも理解可能で利用可能なものになれば、その支援の担い手は家族に限定される必要がなくなるだろう。

5-1-4. インタビューとフィールドワーク

　本研究調査では、先駆的かつ積極的に障害者雇用に取り組む三つの会社と一つの福祉事業所に調査協力いただき、フィールドワーク調査やインタビュー調査を実施した。口頭および書面で研究目的やデータ管理などについての説明を行い、承諾書にご署名をいただいている。本調査においては、所属大学の倫理

審査を受け、承認を得ている。ここでは、I社とB社（ともに製造業)[1]でのインタビュー調査をもとに、障害者採用メカニズムおよび職場定着のために、「家族による支援体制構築」がどのようにデザインされているかを明らかにする。

5-2. 機能[2]する家族

5-2-1. インタビューデータの検討1：日常生活と健康管理に関する支援体制の構築

日常生活と健康管理に関する支援体制の構築に向け、まずは家族との関係づくりが必要とされる。この点について、インタビュー協力者の一人であるB社のX社長によれば、以下のとおりである。

インタビューデータ1　家族との関係づくりの重要性について

> X社長　従業員っていうか家族のメンバー、家族から支援してもらう、送り出してもらわないと、彼らもなかなか働きづらいっていいますかね、定着しづらいっていうか、理解してもらうっていうことは重要だと思いますよ。

上記X社長の語りからもわかるように、X社長は障害者が長く働き続けるには家族をはじめとした周囲の支援者が大きな役割を果たすと考えている。ここではI社とB社の聞き取り内容のうち、企業と障害者家族との関係に焦点化して検討する。ただし注意しておきたいのは検討の目的である。本研究は、企業と障害者家族との関わり方についての精緻な理解への導きを目的としている。この2社の家族との関わり方などについて、相対化するために比較したりすることはあるかもしれないが、それはより精緻な理解を目的としているのであって、どちらの方がよいというような、評価することを目的とはしていない。

I社とB社に共通して言えることは、採用時には家族との面談があるという

---

1)　I社とB社の概要についてはそれぞれ1章および2章を参照のこと。
2)　本章での「機能」および「逆機能」は、マートン（1949＝1961）の用語法に準じる。

こと、障害者が長く働き続けるには家族をはじめとした周囲の支援者が大きな役割を果たすと考えており、職場と家庭の交換日誌のような、情報共有の方法として紙媒体の連絡手段が確保されていることである。生活支援については家族が担い手になっていることも共通しているし、両社の社長ともに「始業時間に出社して終業時間に退社できるのであれば、雇用することは可能」と述べている。逆に言えば「始業時間に出社できない人」と「終業時間に退社できない人」は雇用するのが難しいということだ[3]。

5-2-2.　家族の意識・態度変容を強く求める支援体制の構築

　上記のように障害者雇用について多くのことがI社とB社で共通する一方で、支援体制のモードとも呼びうるような支援体制の特徴は異なる。まずはI社の方から見てみよう。

インタビューデータ2　指導的な支援

A社長	障害者だから許されるってことはないんですよ。普通そうじゃないですか。物作りしていて不良品出したの障害者だからって許される問題じゃないでしょ。障害者だからって考えがないんです。一切。遅刻したらめちゃくちゃ怒られてますよ。寝坊しました。ふざけんなって。(中略)だとすると、そうなると家族も一緒になって協力しなきゃならないんですよ。一人暮らしじゃないんでしょってことでね。うちはねえ、親とのやり取りも作業日報っていうのがあるんですね。障害者・作業者の言葉と上司の言葉と家族の言葉ってことで毎日交換日記みたいなことやってるんですけど、そこにも厳しいこと書いてありますよ。講演でも言うんですが、本気で障害者雇用やるんだったら家庭環境を変えてくださいって。親も変わらないと無理ですよ。生活環境変えなければ本気でなんかできませんよ。みんな情けで働かせたりとか、親もそういう考えの人いっぱいいますん

3)　このように語られた事実は、3章「労働時間のデザイン」のような、「障害者の労働時間をどのようにデザインするか」という検討の重要性を裏付けているともいえる。

で。親も考え方を変えてくださいって。それくらい言っておかない
とね。慈善事業じゃないんで。そんな朝起きれませんなんて知った
こっちゃねえよって（笑）。そんなもんですよ。ほんとにそんなもん
ですよ。いろんな人いますね。行方不明になった人とか。そんなこ
とになったら普通会社終わりですよ。まあ、そこは情けでもう一回
チャンスは与えてますけどね。（中略）精神障害者に残業なんて考え
られないってみんな言いますけど、うちなんて普通にみんな残業さ
せますからね。

　上記のＡ社長の語りからもわかるように、Ａ社長の障害者との関わり方は、
おおよそ福祉の世界では規範的とはいえない関わり方で、言ってみれば指導的
な関わりである。実際Ａ社長は、「福祉の世界ではできなくてもいいよいいよっ
て言われてきたと思うんですけど、私はあえてできないことをさせたりします」
とも述べており、この指導的な姿勢は徹底されている。Ａ社長の障害者雇用の
ポリシーは、上記の語りでもあるように「障害者だから許されるってことはな
い」の一言に尽きる。
　このような姿勢は家族にも求められる。ここでＡ社長が述べているのは、「朝
起きれません」と子どもが言ったときに、「寝ていいよ」と許容するのではな
く、たとえ寝起きが悪くても家族が起こし、生活環境や生活リズムを整えさせ
て、定刻に家から送り出してほしいということなのだ。つまり家族に対しても、
子どもへの指導的な接し方を求めていることがわかる。ここでは例として指導
的な接し方をとりあげたが、もちろん指導的な接し方でなくてもよい。さしあ
たり、障害者雇用の文脈においては、雇用された障害者を定刻に家から送り出
すというような生活習慣の確立がなされればよいのである。ではＡ社長が障害
者を完全に健常者と同じ扱いをしているかというと、「行方不明になった人」に
「もう一回チャンス」を与えていたりする。このアメとムチの匙加減が、信頼関
係の構築につながっているのかもしれない。実際、Ａ社長によれば障害者は「辞
めない」のだ。辞めるのは健常者ばかりとのことである。また、Ａ社長は、障
害者を一回雇用したら絶対に解雇しないという信念を持ち、それを守り続けて

いる。

　誤解がないように、一言だけ付言しておくと、「指導的なかかわり」が可能になるためには、家族への期待の強さと責任の重さが前提になっているということだ。つまり、管理ができていないときに「指導」がなされるということは、生活習慣の確立が家族に「義務」として課されており、重い責任を負っていることが前提となっている。

5-2-3. 障害者やその家族に運用を委ねる支援体制の構築

　他方で、B社はどうであろうか。B社はI社と比較した場合、雇用している障害者の数が少ない分、個別対応が可能になっている。たとえば連絡ノート一つとっても、連絡ノートを使用している人としていない人がいる。

インタビューデータ3　連絡ノート

> Ｚさん　（作業日誌に家庭欄を設けた）連絡ノートみたいなのに「これこれこういうことがありまして貧血で倒れられました、おうちでも様子をみてください」みたいなのを。全員ではなくて、そこまでしなくてもいいような人には、なぜ私がこんなのを……と言う人には（しない）。それぞれなんですよ、毎日持ち帰る人、まとめて書く人、家には絶対に見せたくないとか……それは希望を聞き入れるようにしています、強制はしません。でも1年に1回契約更新の時期がありますので労働条件通知書を持ち帰ってもらうときは、作業日誌にはさんで絶対持って帰ってねと。あとは本人の判断、家で見せるかどうかは。

インタビューデータ4　テレビ撮影と職場の様子

> Ｚさん　いい面ではこの前、テレビ撮影があるんですけど、許可いただきたいんですが、っていうときに、いい話として最近仕事の様子見られてませんし、そのことも兼ねて来てみていただけませんか、って（家

族に）言うと、来てくださったり。で働いている様子をみて撮影許
可をいただいたりとかで、しょっちゅう面談をしているわけではな
いんですけど、何かあったときに来ていただけるんですね。今も作
業日誌で通信欄がありますので、そこで通じていると思っています
し、何か問題とか不安なこととかあったら逆に書いてくださいねっ
て言ってますので、あまりご家族の方から来ることはないんですけ
ども、何かあるときに来ていただいている。

　上記のインタビューにあるようにB社では、情報を共有するような媒体や情
報伝達経路、家族との相談機会を企業側で確保しつつ、「希望を聞き入れるよう
にしています」「強制はしません」「あとは本人の判断」「何か問題とか不安なこ
ととかあったら逆に書いてくださいね」というように、その運用方法は障害者
やその家族に委ねられている。また、I社と比べれば、指導的な要素はとても
薄い。別な言い方をするならば、ここでは障害者家族は義務として生活管理を
行うような重い責任を（直接）課されてはいない。
　ここでB社側が留意しているのは、たとえば「貧血で倒れられた」というよ
うな健康管理に関することである。これはI社で働く障害者にもいるようなの
だが、風邪をひいて、熱を出してもその障害者は欠勤しないという。明らかに
具合が悪そうで、熱で顔が真っ赤になっていても「大丈夫です」と言って仕事
を続けようとする人もいる。もしかするとたとえば体温を測るというような自
分の身体状態を数値化して測定することや、その数値が示す意味、あるいは「悪
化」「伝染」などを理解することが難しいのかもしれない。仕事ができると思え
ば仕事をしてしまうとのことである。このようなときに、健康管理の支援が家
族に対して要請されている。
　このような企業と家族との関係づくりを、関係のデザインという観点から再
記述するならば、B社は障害者の遅刻や欠勤などのような職場での瑕疵や仕事
上のトラブルを問題にする（≒批判・叱責する）ことで管理責任を追及するの
ではなく、職場で観察された心配事を障害者の家族へ報告するという形式が、
B社の従業員の健康管理などのマネジメント方法を示唆している。

5-2-4.　インタビューデータの検討2：合意形成と権利擁護に関する支援体制の構築

　安部（2005）はその著書の中で、家族（主に母親）との面談記録を詳細に残している。安部は留意点として、友人の有無、休日の過ごし方、金銭管理、健康管理、家事の手伝いの有無などを挙げている。これらが就労の継続や将来的には地域での自立に向けての大切なポイントであることは、容易に理解できる。つまりはこれらの項目について、障害者が自立・自律できるように支援することが家族には求められている。

　他方でB社では、障害者を採用する際の家族面談において、このような項目以外に賃金などの採用条件について家族と情報を共有し、合意形成を図ることで、雇用契約における被雇用者としての権利擁護の体制がつくりあげられていた。雇用条件を提示する際には、家族は被雇用者となる障害者本人と同等に、あるいは本人に代わって交渉する権利を持つ者として扱われる。つまり、家族を取り込んだ障害者本人の権利擁護の体制がつくりあげられていた。また、雇用側の立場でいえば、その契約内容が第三者から見ても正当なものであることを示す手段ともなっている。詳しく見ていこう。

インタビューデータ5　家族面談で大切にしていること

> Zさん　送り出す気持ちがあるか見たくて（家族に）来ていただいています。（中略）会社の様子を知っていただくのももちろんあります。（中略）こちらとしてはお金の話もありますので、どうしても最低賃金からの雇用になってしまいますので、そのへんの話はちゃんと聞いていただく。お金は言った言わないの話になるんですよね。特例除外、最賃除外の部分はよーくお話しておかないと、実際に労働条件通知書をお渡しすると、給料下げられたとか……実際に入られてからご家族に来ていただいて、こういう仕事してますって見ていただいて。給料安いのに重たい仕事させられているとか……正しく伝わらないのも残念ですよね。入社後、1、2か月たったころに

> （障害者本人が）「肩が痛いんです」といったころに来ていただきます。

　このように、労働条件について、とりわけ最賃除外（最低賃金除外のことで、最低賃金減額の特例許可と同じ意味）がなされる場合には、特別な注意を必要とする。B社では、雇用している障害者のうち2人が重度障害者であるが、この2人の重度障害者を、最低賃金減額の特例許可を得て雇用している。

インタビューデータ6　最賃除外

> X社長　最賃とかのデリケートな問題も、これはいじめじゃないか、これは差別じゃないか、そういうふうに取られる場合があるので、誠心誠意ご説明するんですけども、100％納得いただいているかどうかっていうのは難しいところがあります。（中略）第三者の労働局からの確認もしていただいた上で、ご説明しているわけなんですけどね。労働局とは、労働基準監督署の監督官です。適正、最賃除外の認可をもらわないと、法律違反になりますから。除外の確認を労働局からとらなければいけないですから。それは確認した上で、させていただいています。

インタビューデータ7　最低賃金の減額の特例許可を得る方法

> Zさん　いろんなご家族の方がいらっしゃいます。社会参加するだけでいい、お金は別に最低賃金より低くても、会社に勤めるってことで、自分たちは送り出している、それだけでいいって方もいらっしゃいますし、逆に最低賃金以下で辛い仕事をさせられているんじゃないか、って思っていらっしゃるご家族もいらっしゃるんですけれども、やはりそれには説明できる基準がないと駄目だと思うんですよね。で、その基準は何なのかっていうと、作業能率ですね。監督署

の方がみられるのは、一番低い賃金の人、経験の浅くて一番低い賃金の人と比較して、その障害対象者がどれくらいできるのかっていうのを出すんです。そこで比較する。それで比較者が100％で対象者が70％だったら30％の最低賃金。(中略)説明のときは来ていただいて、採用のときはそうですし。

　X社長とZさんの語りを先行研究と照らし合わせれば明らかなことだが、B社の最低賃金減額の特例許可を得る方法は、法令を遵守するやり方でなされている。ここで問題となるのは、最低賃金の減額の特例許可を得てまで障害者を雇用する、あるいは障害者にとっては雇用される意味である。Yさんの語りを見てみよう。

インタビューデータ8　ダイバーシティの達成

Yさん　私が一番思っているのは、入るからにはどうやってこの子はワークプレイスの中で、どこで一番力が発揮できますか、っていうことですよね。(中略)資本主義の論理は冷たいっていうが、でもそれで居場所をつくってあげるっていうのが実は大義だと思うんですよ。それは一時的に正社員と同じ待遇にできます。でもそれは日本の会社と経済がみんな失敗していった歴史じゃないかと思うんですよ。景気が悪くなったらどうなるのとか、上司が変わったらどうなるのとか。(中略)コストの管理から言えば、短時間労働させたらいいんですよね。実はフルタイムって企業にとっては重たいんですよね。社会保険に入んなきゃいけないし。要求も全部聞いてあげなきゃいけないとかね。でも私たちはあえて最賃除外になった人でもフルタイムで雇用するっていうのは、そういうことなんですよ。企業としては儲けとしてというより人間としてほんとはちゃんとやれる場所をつくってあげるためにはどうしたらよいか、っていうのを実は考えているんですよ。(中略)自分なりにいうと、言われて久しいですけ

> ど、ダイバーシティ、多様化ですよ。それをどうやって達成します
> か。我々の職場は女性が多いです。産休に入られたり、介護の休暇
> に入られたり、結婚でお休みされたり、いろいろな生活のリズムが
> 自分たちの目の前で起きているんですよね。もちろん雇用で有期の
> 人も短期の人もいっぱいいる。高齢者の人もいるし。そのようなな
> かでどうやっていきますかっていう、そこだけ切り出すと世知辛い
> 世の中になっちゃうけど、そうじゃないんじゃないかなって思って
> いますね。

　ここでYさんが語っているのは、最低賃金減額の特例許可を得てまで障害者
をフルタイムで雇用することの意味である。企業側のコストのことだけを考え
れば、作業能率の劣る障害者は短時間労働、パートタイム労働をさせればよい
ことになる（3章の議論も参照のこと）。それをせずにフルタイム雇用にこだ
わっているのは、「景気が悪くなった」り、「上司が変わって」も障害者が解雇
されないための工夫であったり、「人間としてちゃんとやれる場所」をつくる配
慮である。産休育休をとる人、介護休暇をとる人、結婚でお休みする人、高齢
者までをも含めた、各人の生活状況や違いに配慮したダイバーシティを達成す
るという理念が、B社が最低賃金特例許可を行うための支援体制のデザインを
可能にしているのだ。

5-3. 逆機能としての家族

5-3-1. インタビューデータの検討3：「代弁する」家族
　ここまで示してきた家族のかかわり方が、障害者雇用においては機能的なも
の（一定の体系の調整ないし調整を促すもの）だとするならば、ここで示す家
族のかかわり方は逆機能的なものである。いくつかの企業や支援事業所から聞
こえるクレームとして、「障害者雇用にとって最も障壁になるものの一つは家族

である」[4]というものがある。これはどういうことだろうか。たとえば親子で見学に来たとき、その親が「○○ちゃんにはこの仕事は難しいわね」と先回りして意見を述べることがしばしばあるという。家族が合意形成のための権利主張に参加することが、家族による障害者本人の権利擁護に資する可能性がある一方で、家族によるパターナリズムの危険性の温床にもなりうるということだ。

　こうした雇用される本人の意見を「代弁する」ような言い方は、家族だからこそ可能にしている側面がある。木下（2019）は認知症者を介護する家族のもつ認知症当事者についての人生に関する知識を（その家族にとっての）「特権的知識」と呼び、この「特権的知識」によって生じるトラブルを記述している。

　こうしたことを踏まえれば、障害者家族のもつ障害当事者についての「特権的知識」についても、類似するトラブルが生じることは想像に難くない。家族は「自分の子どものことは自分が一番よく知っている」という「特権的知識」を根拠に、企業側や福祉事業者側の提案（たとえば「この作業をやってみませんか」という提案）を拒否（たとえば「この子にとっては難しい」という婉曲表現による拒否）してしまうのである。（特に先進的な取り組みをしている）企業側や支援事業所からすれば、「やってみなければわからない」「やってみたらこんなに上手にできた」というような、健常者の想像を超えた能力を障害者が発揮する場面などいくらでもある。本書で述べられたことを踏まえれば、不可能だと思われたことでも「可能にする」ことこそデザインであり、支援力の見せどころでもあるのだ。「やってみなければわからない」というより「やってみなければいつまでもできるようにならない」。このファーストステップ「まずはやってみる」を拒否する「この子にとっては難しい」という家族の一言が、障害者雇用にとっての最大の障壁の一つになっている。

5-3-2.　インタビューデータの検討4：いわゆる「経済的虐待」への配慮

　障害者雇用における家族特有の問題として最も難しい問題の一つが、いわゆる経済的虐待の問題である。言い換えるならば、「障害者が仕事をして受け取ったお金はだれのお金か」という問題である。これは言うまでもなく稼いだ本人

---

4)　ちなみに障壁としてよく挙げられるもう一つのものが、福祉事業所の支援員である。

のお金である。にもかかわらずこのお金が障害者本人に渡らず、その家族によって使用されることがあるという。ある企業の代表へのインタビューでは次のような語り5) があった。

　　あるときその子（雇用している障害者）がとても元気がなかったので、声をかけた。「おう、元気なさそうじゃないか、飯食っているのか、ちゃんと給料払っているだろう」って。そしたら「飯を食ってない」「一日100円くらいしか使えない」って言うわけよ。要は家族がこれ（お金を自分の懐に入れるジェスチャー）してたわけ。こちらとしても家庭内のことだからどこまで踏み込んでいいかわからないよね。おそらく家族はここまで育ててやったんだから（給料の一部を受け取るのは）当然と思っているんじゃないかな。ちょっとどうしたらいいかわからなかったので、福祉事業所と相談して児童相談所にもっていったんだけど。

ある（それなりに高額の工賃を支払っている）福祉事業所の支援者からも次のような語りがなされた。

　　（その作業所で作っている食品をつまみ食いする利用者がいたので）注意した。「お腹すいているの？　食べるものを買うお金くらいあるでしょう」って。そしたら「ない」って言うんですよ。で、ちょっとおかしいと思って家族にお話を聞いたんです。「お支払いしている工賃はどのように使用されていますか」って。そしたら「家のローンの返済にあててます」って嬉しそうに言われてしまいましたので、心苦しかったのですが、家族には「そのお金は本人のものですよ」と説明しました。工賃は月々振り込んでいたのですが、その方への支払いは振り込みではなく手渡しにしようと思っています。

ここで語られた問題は、相当難しい問題を含んでおり、その難しさとはまさ

---

5)　この二つの語りはたいへんデリケートな問題を含むため、一部事実を改変しているが、インタビューで語られた趣旨と発話についてはほとんどそのままにしてある。

に家庭内虐待の構造に埋め込まれた難しさである。つまり「家庭内の問題であるだけに不可視的であり、第三者からの介入が困難であり、さらには家族として期待されている人間による加害が問題になっている」という点である。この問題の複雑さを示しているのは特に後者のケースである。家族にとっては、「障害者であっても家のローンの返済に貢献できる程度のお金をもらえる自分の子どものことを誇りに思っている」蓋然性が高い。そしてこの「誇り」を可能にするのは、「障害者は住宅ローン返済に貢献できる程度の給与を稼ぐことができない」という「常識」なのではないか[6]。

　上記二つの語りでいえば、前者は企業と児童相談所と連携することで、後者は工賃の支払い方法を変更することで、それぞれ対処している事例であるが、いわゆる「経済的虐待」の問題には、虐待全般あるいは家族内の「特権的知識」を含めた問題特有の深刻さがある。この問題が障害者の権利擁護にかかわってくることは言うまでもない。「障害者が仕事をして受け取ったお金はだれのお金か」という問題に対して、「言うまでもなく本人のお金だ」と述べることで権利擁護したつもりになっているわけにはいかない。本節では、家族による経済的虐待が疑われるケースに対し、前者は児童相談所と連携することで、後者は家族への説明と工賃支払い方法の変更によって、それぞれ障害者の家族との関係が再調整されていた。

5-4.　結論：どのように最適化された支援体制のデザインなのか

　本章では、障害者雇用に固有の領域である、雇用される障害者の家族と企業や福祉事業所との関係について、とりわけ障害者の家族に期待される支援体制構築についての検討を行った。Ｉ社にもＢ社にも共通することではあるが、「支

---

6)　田中（2018）は、家族に依存した障害者の生活構造を、家計を切り口にして明らかにした。田中の調査分析によれば、障害児や一般就労していない障害者の生活費として、収入−支出が月額平均で約マイナス3万5千円から4万円程度発生しており、この金額の多くが家族負担金になってしまうという現実を明らかにした。この障害者雇用と経済的虐待問題の構造を明らかにすることは、本論の射程を大きく超えてしまっている。財産についての個人の権利が、「家族の義務」の（不当）拡張によって侵害されることがなぜ起きるのか、また、なぜしばしば家族は正当な権利義務関係だと思っているのかについてはこれまであまり論じられてこなかった点であり、別稿を期したい。

援体制の構築」の基本には、連絡ノートを利用した家族との情報共有による生活支援、健康管理への配慮がなされていた。障害者はその障害ゆえに、生活リズムの管理や健康管理を自ら行えないことがある。両社にはこれらを支援する体制が構築されていた。ただし、その体制のモードについては違いが見られた。I社は指導的な支援体制であり、家族にも子どもへの接し方に関する意識・態度変容を求めるのに対し、B社は個別対応的な支援体制であり、その運用についても障害者やその家族に委ねる面が大きかった。こうした違いが生じるメカニズムの検討については紙幅の関係上できない。さしあたりここでは、二つの事実のみ指摘しておく。まず雇用している障害者の数に違いがある。I社は20人以上であるのに対し、B社は8人である。もう一つは社内における支援体制の違いである。I社は基本的にA社長の裁量権が強く、B社はX社長、Yさん、Zさんそれぞれの分担裁量になっている。

　I社はノーマライゼーションを徹底しており、障害者を障害者として扱わない。したがって最低賃金の減額特例という発想もない。つまりI社の障害者への適正賃金の考え方は、障害者の働く権利として最大限所得保障する方向にデザインされている。他方、B社は、人によっては最低賃金減額特例は障害者雇用が広がる方向、障害者の最適な居場所づくりに対してデザインされており、なおかつ企業に向けても人件費コストが最適化されている。また能力が他の従業員と比べて劣っていたとしても、賃金が相応であれば同じ会社に勤める同僚たちから非難の対象となることもない。

　障害者一人の所得保障を最大化するのがI社のやり方であり、他方でB社のやり方は障害者の社会参加の可能性、ダイバーシティの達成、企業側の人件費など、多方面に最適化されているデザインになっている。実際のところ、企業の事情も異なれば障害者の事情も一人ひとり異なるので、最終的に「妥当な賃金はいくらか」については、企業側と障害者およびその（主に家族に期待されるような）代弁者との交渉によって決定されるしかない。その交渉には障害者の権利を擁護できる人材（現在のところは主に家族）が必要とされる。本研究は、そのような交渉の場での参照されうる一つの報告として書かれている。

　他方で、本章では逆機能としての家族についても検討した。映画「万引き家

族」を手がかり[7] に、「パルマコン」としての家族というメタファを定式化したうえで、本章では「毒」としての家族も記述したつもりである。もちろん筆者には「だから障害者の家族は障害者雇用にかかわるべきではない（あるいはかかわるべきだ）」と主張する意図はない。おそらく現代社会において（そしてこれからしばらく先も）、家族が「パルマコン」であることを回避することはできない。だからこそ家族との関係においては、多方面に最適化されたデザインが重要になる。

---

7)　コラム参照。

【コラム】映画「万引き家族」とパルマコン

　是枝裕和監督の映画「万引き家族」は第一義的には「家族を問い直す」こと
を目的にしているといってよいだろう。その根拠として、タイトルで使用され
ている「家族」というキーワードと、この映画のラストカットを挙げたい。筆
者はあの最後のワンカットに「家族における／家族であることの正義と非正義、
加害者と被害者の反転」を読み取っている。映画の中で、ＴＶ報道を映す場面
がいくつかあるのだが、ＴＶ報道シーンは基本的に「なにも事情を知らない一
般人たちのものの見方（の扇動）」を表象している。そこでは、女の子を「本当
の家族」のもとへ取り戻した警察（とそれを後押ししたマスメディア）が正義
であり、女の子を自分たちの家に連れ去った「万引き家族」は誘拐犯、つまり
悪なのだ。家族の血縁による絆を断ち切ることを許さない世間像でもある。「家
族における／家族であることの正義と非正義、加害者と被害者の反転」を描き
出した是枝裕和監督や子役の佐々木みゆさんをはじめとする是枝組の力量も、
それを評価したカンヌ国際映画祭の審査委員もサン・セバスチャン国際映画祭
の審査委員も素晴らしいと言うほかない。

　しかしながら、「万引き家族」のエッセンスは、「家族における／家族である
ことの正義と非正義、加害者と被害者の反転」という相対的な反転だけで単純
化されるものでもない。あの映画の物語の展開で筆者が注目するのは、終盤で
「息子」を置き去りにして「万引き家族」が逃げようとするシーンである。この
映画のオーディエンスは、あのシーンを観て、あの「万引き家族」を、貧しい
けれど善良な人たちとは思わないだろう。このシーンの展開と設定が絶妙であ
るように筆者には思えた。是枝監督が表現したかったのはおそらく「正義と非
正義、加害者と被害者は容易に反転する」ということだけではない。まして家
族における「本当の絆」でもない。「本当の絆」を描きたいだけなら、この「息
子」を置き去りにするシーンは不要だからだ。「万引き家族」は「非正義でもな
いけど正義でもない」「加害者とは言いきれないけど被害者でもない」「悪い人
たちではないけどいい人たちでもない」というような、善とも悪とも判断する

ことができない、道徳的にあいまいな人間で構成される家族像なのである。

　「万引き家族」におけるいくつもの仕掛けから筆者が想起したのは、（何のひねりもなくて恐縮だが）「パルマコン」である。ここでの「パルマコン」とは、デリダがプラトンの『パイドロス』から抽出したメタファである（本書 p.103 の引用文を参照のこと）。デリダの「パルマコン」についての議論をすると冗長になるので、本論と関係するエッセンスのみに注目して説明する。発明の神トート（テウト）は数、計算、幾何学などを発明するが、デリダが注目するのは文字の発明についてのくだりである。トートは神の中の神である太陽神タムス（アンモン）の現前で、自分の発明した技術（文字）を披露し、それらをエジプト全体へ広めることを薦めた。

　パルマコンとは、薬であり、毒である。「薬」と日本語に訳される場合もあるし、「秘訣」と訳されることもある。通常「パルマコン」はその効能が決定不可能なものとして扱われる。ここでは文字（エクリチュール）を「パルマコン」になぞらえ、トートからは良い側面（薬）、タムスからは悪い側面（毒）が語られる。だがその効能は決定不可能である。『パイドロス』のなかで、文字（エクリチュール）は、神々の王タムスによって毒と断じられるのだが、高橋（1998）によれば、デリダはこの「パルマコン」を、良薬を意味するときにさえ同時に二つの悪しき意味を含むこと、一つは良きものであると同時に苦痛を与えるものの一種であること、もう一つは「パルマコン」が人工的、人為的であるために有害であることを指摘している。

　誤解を恐れずに言えば、是枝裕和監督は映画「万引き家族」のなかで、家族を「パルマコン」として描いた。この映画が多くの賞を受賞し、称賛を集め、ヒットしたのは、是枝監督の素描に説得力があるからだろう。この映画が評価された理由として「豊かだといわれている日本のなかで起きた現実を告発した内部告発者」であることがしばしば挙げられる。もちろんそうした目的もあっただろう。この国に住む人びとは見たくないものを見ないですませることが多すぎると。あるいはこの映画の宣伝をしたもののなかには「家族における本当の絆」のようなものを描いたと言いたいものもいたようだ。しかしながら筆者

の見立てでは、この映画の射程はもっと広い。世の中には産んだ子どもの育児を放棄するものもいれば、育てた子どもが自殺をしてしまうこともある。だれが被害者でだれが加害者だというのか。家族が「パルマコン」であるならば、このような事例を記述するときに、被害者という言葉も加害者という言葉も使うことはできなくなる。「パルマコン」のなかで生じているのは、「正義と非正義、加害者と被害者の反転」だけではない。映画「万引き家族」では、人間が生まれた瞬間からひも付けられている暴力性が、二項対立の語彙で記述されるのではなく、「パルマコン」として描かれているというのが筆者の見立てである。

6 章 障害者本人との関係をデザインする
〜実践のなかの意思決定支援〜

6-1. はじめに

　本章では、とりわけ他者とのコミュニケーションが難しい、あるいはほとんどできない障害者本人との関係について、意思決定支援におけるオーサーシップと常識的知識という概念の使用を分析し、障害者本人との関係のデザインについて記述する。

6-1-1. 問題の所在
　意思決定支援という言葉は、少々不思議な言葉である。一般に意思決定とは、意思決定する人自らの指向、将来や所有の選択について自ら決定することなのだが、これに支援という言葉がつくと、意思決定についてのオーサーシップの問題、つまり「その決定はだれによる決定なのか」という問題（河野2015）を直ちに呼び込んでしまう。こうした用語内在的な事情に加え、用語外在的な問題も多数ある。たとえば社会福祉系のトピックスとして限定しても、社会福祉系の業務に携わる人であれば必ず学ぶ「バイステックの七原則」（1957–1996）の一つである「自己決定の原則 The Principle of Client Self-Determination」の「自己決定」と「意思決定 decision making」[1] は何がどう異なるのか（木口2014、遠

---

1)　社会福祉学系の先行研究や法律学系の先行研究を読む限り、障害者権利条約の採択（2006）とその発効（2008）あたりを境に、これら二つの用語使用のトレンドは分岐するように思われる。これ以前のおおむねバイステックの影響下にある社会福祉系研究では「自己決定」が使用され、それ以降のとりわけ法律系の研究では「意思決定」が使用されている。バイステックの使用法に忠実であろうとするならば、「自己決定」支援は自分が希望するしないにかかわらず、「自分で決定する行為」そのものを価値づけて支援することであり、他方「意思決定」支援は意思決定者の選択や希望の実現を叶えるような支援を志向しているように思われる。しかし、多くの先行研究では意思決定支援と自己決定支援はたがいに互換的に扱われる（木口2014、遠藤2017）ため、本研究でもこの二つの用語を厳密には区別せず、互換的に使用する。また、「オーサーシップ」については本文にあるように、「だれによる意思決定なのか」という「意思決定の遂行者」の意味で用いる。

藤2017)、精神保健福祉における精神障害者本人の意思と、精神障害者の措置入院制度や行動制限との関係はどのようなものか（緒方2016）など、思いつくだけでもいくつかの論点が挙げられる。また、検討範囲を社会福祉学系の外側まで広げれば、意思決定というのは法律の専門用語であると限定的に考えている論文（桐原2014）から、いわゆる権利擁護における成年後見制度などの法律系の問題と社会福祉系における「自己決定・意思決定支援」の問題との関係を問うような論文（木口2017、狭間2017）もある。冒頭で述べたような「その決定はだれによる決定なのか」といった行為と責任帰属の問題は、分析哲学系の行為論（古田2013）や倫理学などの学術領域において、もっともポピュラーなトピックスの一つでもある。

　学術界のさまざまな分野をまたがるトピックスとしての意思決定（支援）についての問いがある一方で、意思決定（支援）を学術界とは異なるとされる、日常生活場面や社会福祉的な支援場面での問題として考えてみる考察の方向性がありうる。なぜなら意思決定は、研究者だけにとっての問題ではなく、学術や研究とはほとんど無関係に過ごす人びとや社会福祉業務に従事する支援者にとっても日常的に問題となりうるからである。ある文脈において「意思決定が問題となるのはどのような場合であるか」という地点からスタートし、その分析を通して得られた知見を学術界へ提示することで、学術界になんらかの示唆を与えることができると思われる。

　そこで「意思決定支援」「自己決定支援」という言葉を使える文脈を検討すると、日常生活においては相当限定されていることに気付くだろう。私たちの日常的な意思選択や行為選択などのうち、どの範囲の選択様式を意思決定と呼ぶだろうか。たとえば通勤通学のために私たちは毎朝起床するが、起床しないという選択肢もありうるならば[2]、起床することも一つの意思決定である。もしそうだとすると、私たちの日常生活は、無数の意思決定に細分化可能であり、これらの意思決定によって成立していることになる。しかしながら、毎朝起床するという行為を意思決定、あるいは毎朝の起床の手助けを意思決定支援と結びつけることはほとんどないだろう。他方、意思決定支援を強く志向する支援実

---

2)　ただし一般常識的に考えれば、通勤通学者に「起床しない」という選択肢はほとんど用意されていないようにも思われる。このことが毎朝の起床を意思決定と呼びにくい理由の一つかもしれない。

践として、自殺防止の取り組みを挙げてみたい。

　和歌山県で自殺防止の取り組みをしている NPO 法人白浜レスキューネットワーク代表の藤藪牧師は、「私たちは『生きる』という選択をさせなければならない」[3] と述べている。この自殺防止についての支援方針の表明は、自殺を考えている人たちの意思決定を「生きる」という方向へ強く舵を切らせるように支援する宣言であり、意思決定支援へ強く志向しているように思える。これらのことから導かれることを二つに分けると、一つは意思決定が成立するためには、複数の現実的に選択可能な選択肢が用意されていなければならない[4] ということである。もう一つは、意思決定支援をするためには、意思決定場面において、意思決定する人単独で社会的に望ましいとされる選択肢を決定することが困難であり、かつどのような選択肢が意思決定する人にとって最善もしくは最適かが、説明可能なものとして社会的にある程度共有されていなければならないことがわかるだろう。たとえば自殺防止支援の文脈であれば、「自殺させる」「自殺させない」という選択肢があれば、「自殺させない」ほうが社会的に望ましいことは明らかだ。

　ここで注目したいのは、「意思決定場面において、意思決定する人単独で社会的に望ましいとされる選択肢を決定することが困難」という状況設定である。日本においてはこのような状況下で生活している人びと（認知症を患った高齢者、児童、精神・知的障害者など）の支援を社会福祉の名のもとで担ってきたことを考えれば、意思決定支援の問題が日常的に表出する社会福祉施設での実践から検討する研究の方向性に、ある種の正当性が与えられる。そこで本研究

---

3)　プロフェッショナル仕事の流儀「人生を立て直し、希望を探す」（NHK 総合 2012 年 5 月 7 日放送）。

4)　選択可能な選択肢が一つだけしか用意されていないならば、それは意思を決定しているのではなく、何かを強制されている記述の蓋然性が高まる。ただし、現実的に選択肢が一つしかないからといって「強制されている」ときだけというわけでもない。日常生活の多くの行為について「意思決定をしている」と言いづらいのは、多くの行為が一定のパターンとして高度に慣習化されていて、他の選択肢を考慮すること自体が稀（つまり選択肢は一つで十分）であるからだ。習慣どおりに行為できない偶発的な事情、たとえば頭が痛い、といったことが生じたときに、私は会社に行くかどうかを「決める」ということが、実際には起きているだろう。このとき「会社に行く」しか選択肢がない場合、それは強制されているという記述の蓋然性が高まる。「どうしてもやらなければいけない仕事がある（ので頭が痛いけど会社に行くしかない）」ような場合でも、一見すると自ら「会社に行くこと」を決定しているように見えるが、ある種の強制力が働いていることは明らかだ。

報告の目的は、知的障害者たちの就労支援や生活介護を実際に担っている障害者支援施設職員から提示を受けた、意思決定支援の問題とされるケースを分析することで、障害者支援施設における意思決定支援を構成する、人びとの経験に先立つ常識的知識や、「意思決定における決定はだれによる決定なのか」という意思決定のオーサーシップ問題を検討し、社会福祉的な意思決定支援の概念を明確化することで、意思決定が困難な人びととの関係のデザインを検討することである。

6-1-2. 本稿の構成

次章では、本研究の背景と方法を示すとともに、日本の社会福祉界において一定の影響力を誇るバイステックの七原則の一つである、「クライエントの自己決定を促して尊重する」という原則について、原典に立ち戻ってこの原則を検討する。そして、バイステックの「自己決定の原則」の考察において、そこで扱われている自己決定概念の脆弱性と、議論されてしかるべきオーサーシップの問題が見逃されてきたことを指摘する。さらに、日本の障害者福祉関係法規における「意思決定支援」を条文から抽出し、社会福祉関係法規においては二通りの意味で「意思決定支援」が使用されていることを確認する。3節では、知的障害者の就労移行支援と生活介護支援で意思決定支援が問題になるデータについて分析する。4節では、本研究の分析で得られた知見と先行研究で得られた知見がどのような関係にあるのかを考察し、5節で結論を述べる。

6-2. 方法と対象

6-2-1. 本研究の背景と方法

本章は、2016年11月26日、新潟青陵大学で開催された第14回新潟市知的障がい施設連絡会の基調講演「意思決定支援を解剖する」をもとに、論文として再構成したものである。この連絡会の特徴は、意思決定支援の問題となりそうなケースが、3人の障害者支援施設職員（長尾2016、岡田2016、大澤2016）から報告されたことである。このセッティングは意思決定支援を研究する上で、都合のよいように思われる。これは、研究者である筆者が恣意的にケースを選択

しているのではなく、日常的に障害者を支援している施設職員が、施設職員の立場から「このケースは意思決定支援が問題になっている」と特定した事例であり、意思決定支援を検討する事例として妥当性の高いケースであるといえよう。

　本章では、こうして得られた報告について論理文法分析をする。ここでいう論理文法分析とはクールター（1979=1998）のいう分析手法であり、「まずは日常的な状況においてことばが、どのようにしかるべきしかたで使用されているかを、丹念に調べることから出発しなければならない。それぞれの概念は一定範囲の他の諸概念とは有意味な・理解可能なしかたで結びつくのに、別の諸概念とはそのように結びつくことがない。様々な概念について、それぞれの概念がどの概念とどう結びつくのかを示すこと、これが論理文法分析の目標である」（1979=1998：11）。

6-2-2.　本研究の対象1：自己決定におけるオーサーシップの問題

　バイステック（1957=1996）は、「人は自己決定を行なう生まれながらの能力を備えている」[5]と述べるが、この主張だと経験的にはいかようにも反証可能であり、バイステックの自己決定概念の脆弱性を指摘したくなる。たとえば新生児が自己決定しているのかは甚だ疑問であるし、重度自閉症者の障害特性である「コミュニケーションの困難」（大澤2016）も挙げることができる。また、「可能なかぎり最高の価値をもつクライエントの自己決定という原則」

5)　おそらく「人は自己決定を行なう生まれながらの能力を備えている」という命題は、事実との一致／不一致による裁きを受ける経験的命題ではなく、支援を導く規範的な命題なのだろう。したがって、その必然的帰結として、実際の自己決定概念の適用において問題になるオーサーシップの問題もバイステックの原則からは看過されることになる。その意味でも、私たちは実際にどのように「自己決定」概念を適用・帰属しているのかという問いを立てたとき、バイステックを経由する必要はない。バイステックが「自己決定」を重視した時代背景の一つとして、1940、50年代の北米という特殊な時代背景があるかもしれない。池見ら（2001）はカール・ロジャーズのクライエント中心療法（1951）という発想には、1960年代に北米で開花する民主主義運動や人権運動の先駆けという位置づけが可能であると述べ、安井（2003）は、カール・ロジャーズとバイステックの発想と時代の類似性・同一性を指摘し、池見らの主張に同意している。「非行少年や精神科疾患の患者などは指示を与えなければ、自らの力で良いものを見出すはずがないとされていた文化」（池見他2001）のなかで生まれてきたクライエント中心療法や自己決定の原則は、一般に「パターナリスティックな（父権主義的）支援」の対極に位置づけられ、カウンセリング業界や社会福祉業界にそれぞれ、現在においても多大な影響を及ぼしている。

（1957＝1996）とバイステックは述べているが、なぜ「最高の価値」と言えるのかの根拠は不明である。障害者支援施設職員の大澤が述べるように、「同時に思う、彼らの『意思決定』だけで大丈夫なのかという不安」（大澤2016）は、障害者支援実践において常に付きまとうであろうし、立岩（1999：92-93）も自己決定について「なにより、でもないが、とても、大切なもの」と述べており、「最高の価値」とまでは述べていない。立岩（1999）は、「自己決定することの大切さだけを言うと、自己決定しないことの気持ちよさを無視してしまう。また、自己決定の限界だけを言っていると、『では私達にまかせなさい』といった言説にからめとられてしまう。両方からの距離をともに言っておくことは大切なことだと考える。ある人の自己決定はその人が在ることの一部であるから尊重されなくてはならず、またその人が人生を楽しみ、自分の身を守るために必要なものである。同時に、それはあくまで在ることの一部であるから、何よりも、その人が在ることよりも、大切なものなのではない」（立岩1999：99）と述べている。

　バイステック（1957＝1996）は、ミス・クラークの例をもって「クライエントの自己決定を促して尊重する」という原則を例示している。ミス・クラークのケースを簡潔にまとめると次のようになる。20歳のシングルマザー、ミス・クラークは「自分の手もとで子どもを育てようとした」。しかし、ミス・クラークの家は地域では名の通った家庭であり、ゴシップを恐れていた。そこでケースワーカーがミス・クラークの自己決定を支援してミス・クラークが出した結論は「養子に出す」というものであった。結論の賛否、同意不同意は脇に置くとして、このケースの要点は、ミス・クラークに、自ら望んでいた結論とは異なる「養子に出す」という決定を、最終的にミス・クラーク自身に決断させたことである。ここには当然のことながら自己決定についてのオーサーシップの問題が生じる。つまり、「これは本当にミス・クラークが自己決定したことになるのか」という問題である。しかしながら、バイステック自身、このオーサーシップの問題については言及していない。

6-2-3.　本研究の対象 2 ：関係法規から読み取る「狭義の意思決定支援」と「広義の意思決定支援」

　法律学系の議論では、「意思決定支援」は法律の前に等しく認められる権利として位置づけられている、障害者権利条約の第12条にある supported decision making の訳語（桐原2014）として認識されている（木口2017）。意思決定支援についての法律学系の最大の争点の一つとなるのは、「代行決定」を認めるかどうかである。池原（2010）は次のように述べている。

　　障害者権利条約の根本的な規範原理である平等権、人間の尊厳および自律の保障という観点からすれば障害のある人の自己決定をどのようにして支えるかということこそ重要であり、これを徹底すれば障害のある人の決定をさしおいて他人が本人に代わって決定するということは障害のある人の尊厳と自律を害し、他の者との平等性の保障に反するのではないか、障害者権利条約が求めるのは自己決定の支援（「支援を受けた自己決定」という）であって、それは他人が本人に代わって決定をすること（「代行決定」という）とは本質的に相容れないものではないかという議論である。（池原2010：183）

　　障害者権利条約は、成年後見制度についての明示的な言及を避けたが、大方の議論は成年後見制度の人権制約性に問題意識を抱きながらも例外的な状況においては最後の手段としての成年後見制度の存在を否定しきれないという立場に立っている。こうした議論を前提にすると、障害者権利条約があらゆる成年後見制度を直ちに廃止すべきことを求めていると読むことはできないと考えられる。しかし、障害者権利条約の求める法的能力の平等性の保障と濫用防止策は各国の成年後見制度のあり方に根本的で相当に広範囲の変更を求めるものである。（池原2010：199）

　このように、障害者権利条約についての法律学系の議論において、「意思決定支援」を検討することは、日本の「成年後見制度」のもとでの「代行決定」について検討することと強い結びつきがある。先行研究においても、「意思決定支

援」は「成年後見制度」の代替物である（桐原2014）とするものから、日本の高齢社会においてはむしろ「成年後見制度」による「代行決定」が積極的に活用されているという指摘（池原2010）や、知的障害者の他者による代理決定制度としての「成年後見制度」を肯定的に評価している研究（細川2010）まで多様であるが、これらの意思決定とは主に、就職や居住や高額売買の契約についての決定など、文書を取り交わすような法的決定に限定されていることがわかる。

　他方、日本の社会福祉系関係法規における条文や法律関係の文書には「意思決定」または意思決定に関する条文が多数見受けられる（木口2017）。平成26年度障害者総合福祉推進事業の報告書（「意思決定支援の在り方並びに成年後見制度の利用促進の在り方に関する研究事業」）によると、意思決定支援の定義とは以下のようになる。

　　　　意思決定支援とは、知的障害や精神障害（発達障害を含む）等で意思決定に困難を抱える障害者が、日常生活や社会生活等に関して自分自身がしたい（と思う）意思が反映された生活を送ることが可能となるように、障害者を支援する者（以下「支援者」と言う。）が行う支援の行為及び仕組みをいう。

　ここで厚生労働省は、意思決定支援には「日常生活や社会生活等に関して自分自身がしたい（と思う）意思が反映された生活を送ること」の支援が含まれるという認識を示している。バイステックの「自己決定の原則」は本人が望んでいたわけではない選択を、さまざまな事情を調整することで自ら選択させることであり、この点については対照的である。

　本章では、相対的に非日常的な法的・契約的決断に関する水準での意思決定を「狭義の意思決定支援」、厚生労働省や社会福祉業界で共有されている、日常的な生活に関わる意思決定までも含める意思決定支援を「広義の意思決定支援」と呼ぶことにする。

6-3.　分析結果

6-3-1.「狭義の意思決定支援」の分析結果

　本節で検討したいのは、長尾（2016）から報告された、就労移行支援[6] にお
ける20代の知的障害がある男性の「就職先の選択」にかかわるケースである。
この男性の希望は「自分はみんなが知っている有名な企業に就職したい」とい
うものである。この事例がなぜ意思決定支援の問題になるかというと、多くの
場合、このような第一希望がそのまま叶うことは稀であるからだ。支援員は、
就職先についての本人の意思や希望を尊重するような就労移行支援を実現した
いと思う一方で、なかなか実現できない事情がある。ちなみに、このような事
情は、就職先を選択するうえでは、障害者たちに固有の問題ではなく、健常の
若者にとっても同様であり、この点が実はこのケースを読み解くうえでカギに
なる。

　ここで、「自分はみんなが知っている有名な企業に就職したい」という発話が
「何について意思決定しているのか」という問いから考えてみたい。大別して
データ１[7] のａとｂの問題が考えられる。

> データ１．　a.どこに就職するのか／b.（ある期限までに）就職するのか？

> ａ．Q「どこに就職するのか？」→A「みんなが知っている有名な企業」（他
> 　　のありえる回答）「CMやチラシに載っている有名な企業」「自分に
> 　　合った仕事」
> →ここで決定されるのは入社する「会社」や就く「職種」など。
>
> ｂ．Q「（ある期限までに）就職するのか？」→A「就職する or しない」
> →ここで決定されるのは「就職する」という意思そのもの。

---

6)　同書p.132参照。
7)　データ１は長尾から連絡会当日に会場で配布されたレジュメからの抜粋であり、その内容を筆者が
　　分析に必要な範囲で再構成した。データ２と３は岡田が連絡会当日に使用したスライドからの抜粋
　　である。

　a.とb.は通常、セットで意思決定される。つまり「入社する会社」が決定されれば、自動的に「働くこと」が決定される。しかしながらb.の問いを考えれば明らかであるように、「入社する『会社』や就きたい『職種』を決定すること」と「『就職する』という意思そのものを決定すること」は決定内容のカテゴリーが異なり、区別可能である。

6-3-2.「広義の意思決定支援」の分析結果

　次に岡田（2016）が提供した広義の意思決定支援に関するケースについて検討する。このケースの利用者たちは、それぞれ重度知的障害や難治性の病気のため、発話による意思確認が困難である。

データ2．スムーズに意思決定の支援ができたパターン1

「日ごろからご本人に寄り添いお話を聞く」「選択肢でご本人に活動参加不参加を選んでいただく」
→「安心感・信頼感ができる」
→「笑顔になり言葉が出てきて意思決定がスムーズ」

データ3．スムーズに意思決定の支援ができたパターン2

「ソファで寝ているが『あ〜』と声を出し、起きて歩き出す」
→「ご本人に付き添い声掛け『どうしました？』と意思を確認」「歩きにいきます？」「トイレに行きます？」「給食？」など
→「ご本人の表情・目線・行動から意思確認」
→「安心感・信頼感ができて、意思決定がスムーズ」

　このような報告で前提とされているのは、たとえ発声によって言語化された明確な返答は不可能だとしても、「日ごろからご本人に寄り添いお話を聞く」こと、発話による意思決定の表示が難しいからといって何かを強制するのではな

く「選択肢でご本人に活動参加不参加を選んでいただく」ことが安心感や信頼感と結びつくこと、「歩きにいきます？」「トイレに行きます？」「給食？」などの質問に対して、「ご本人の表情・目線・行動から意思確認」は可能であるということである。「歩きにいきます？」「トイレに行きます？」「給食？」などのYes or Noクエスチョンに対し、得られたクライエントの反応を、支援者はYes or Noへと正確に割り振らなければならない[8]。そしてそのような意思決定に関与してもらうために、支援者は「日ごろからご本人に寄り添いお話を聞く」ことで信頼関係を醸成することが必要とされると岡田から報告がなされた。

6-4. 考察

6-4-1. 「狭義の意思決定支援」についての考察

　通常はデータ1にあるa.の意思決定様式で就職活動や就労移行支援がなされる。わかりやすいのは大学生の就職活動である。大学生が就職活動をするとき、通常は希望するいくつかの会社の採用試験を受け、第一希望が不合格なら第二希望、第二希望が不合格なら第三希望……というような就職先の決め方をするだろう。肝心な点は、大概の大学生本人や進路指導担当の教職員が、<u>卒業までには就職先を決める</u>と考えていることである。「卒業までに就職先を決めなければならない」という法律などは存在しないにもかかわらずである。

　「大学を卒業したら働く」「ある年齢に達したら働く」のような（健常者にとっての）常識的観念をもつ者であれば、b.については学校卒業後「普通就職するものだ」「就職するのが<u>当たり前</u>」という水準で決定されている場合がほとんどであろう。「働く」という意思決定すらしていない大学生もいるだろう。大学生の就職活動においては、a.のなかでの優先順位を下げざるを得ない状況が発生し、就職先の希望順位を下げつつもa.を決定することでb.の決定が同時になされている。そうすることで、就職を希望する大学卒業生の就職率が例年98％程度[9]で落ち着く。当たり前のように発生（たとえば健康、幸せ、配慮など）し

8)　こうした発話が限定される状況下での対面相互行為の分析については、グッドウィンの研究（1995）などがある。

9)　文部科学省（2017）の調べによる。

ているものごとに対して、私たちは障害者／健常者を問わず気づくことが難しい。

　就労移行支援における次のようなケースを考えてみよう。支援者がクライアントの就労にとってよさそうな従業員の募集や合同面接会などを見つけたとしよう。そのような機会に「参加しませんか」とクライアントにもちかけたが、クライアントは乗り気ではなかった。クライアントが就職したい会社や企業が含まれていなかったためである。このようなケースは、「クライアントは就職する気がない」ものとして理解されうる。そしてそれゆえに「困難」なケースと理解されているとき、データ1のa.とb.の区別が支援者にとって示唆的である。データ1のa.とb.は区別可能であり、それぞれ別の決定がなされているにもかかわらず、すでにb.の決定はなされているという前提が就職活動や就労支援の場において共有されているのかもしれない。このようなきめ細かい論理文法が分析可能であるならば、ある決定において望ましくない（たとえば「一般企業への就職を目指しているはずなのに合同説明会に参加しない」という）選択肢が選ばれた場合には、その選択肢自体の前提（たとえば「働く」という意思）が先に「決定」されるべきものなのではないか、という観点から問題状況の再吟味を行い、被支援者の意思とのすり合わせを行うことができるかもしれない。

6-4-2. 「広義の意思決定支援」についての考察

　「広義の意思決定支援」を極限まで推し進めて支援しようとすると、支援者はクライアントの日常生活におけるすべての意思決定を尊重するための手続きが必要になる。このときの、利用者と介助者の関係について検討することから考察を始める。

　「介助者はクライアントの手足になるべきだ」という主張がある。後藤（2009）によれば、「『介助者＝手足』論とは、介助関係の中で、障害者の自己決定権が侵害されることへのアンチテーゼとして、1970年以降の障害者運動から生まれた主張」（後藤2009：226）である。脳性麻痺当事者である熊谷（2014）によれば、かつて障害者は水を飲む・トイレに行くタイミング、何を食べるのか、究極的には生きていていいのかということも介助者の顔色や気分をうかがいながら決めるしかなかった。後藤（2009）によれば、「いうまでもなく、ここで『手

足』とは、道具的な存在のメタファーとなっている。こうして『介助者＝手足』論は、介助を受ける障害者（利用する、という表現が適切か）の自己決定や選択の権利を擁護するためのルールとして働く」（後藤2009：226）と述べている。熊谷（2014）によれば、「介助者手足論」とは、「介助者は障害者が『やってほしい』と明示的に指示したことだけを行い、たとえよかれと思ってであっても先回りしてはならず、指示を受けて物事を行うべきだという考えであり、文字どおり、障害者の手足になりきるべきだ」（熊谷2014：16）というものである。しかし具体的な介助場面では、この「介助者手足論」を忠実に実行するとおかしなことになる。これについて熊谷（2014）がお風呂での介助の例を挙げて指摘するように、お風呂での介助は「上半身から洗いますか」「肩から洗いますか」「右肩から洗いますか、左肩から洗いますか」……と、介助についての決定をいくらでも細分化できる。たしかに健常者は風呂でこのような水準で自己決定・意思決定をしていない。

　本研究に即していえば、「介助者＝手足」論は、意思決定支援におけるオーサーシップの問題としても読むことができる。データ２、３で示されているケースからもわかるように、ここでは、<u>当事者の意思を指示によって確認してから介助者が動くという自立生活運動で提示された支援順序とは違い、まずは介助者が動いたり選択肢を用意してみて、その反応を通じて当事者の意思を確認する、という支援（介助）順序</u>が示されている。この場合、介助者は単なる「手足」ではなく、「人」でなければならない。

　意思表示の困難なクライエントの意思決定支援実践では、介助者があらかじめ適切な数の適切な選択肢を示し、そこからいずれかの選択肢をクライエントに選択してもらうという順序で、意思決定支援が遂行される。データ２にある「日ごろからご本人に寄り添いお話を聞く」ことが重要なのは、クライエントに最適化された選択肢を用意するために必要な情報を得るためでもあるだろう。そして、列挙した選択肢への反応からクライエントの意思が推測されている。このような定式化が正しければ、クライエントの意思決定は支援者や介助者の用意する選択肢に依拠することになる。クライエントの意思決定が支援者や介助者の用意する選択肢に依拠していても、それがデータ２、３にあるように意思決定支援として適切に機能しているように思えるのは、次のような理由が考

えられる。「何をしたいか」「何を食べたいか」などについて選択肢を列挙することが支援になりうると、クライエントや支援者だけでなく第三者にとっても理解可能なのは、「何をするか」「何を食べるか」などについては、行為者の意思、傾向性、嗜好などに沿うような様式で決定されるという常識的知識に支えられているからである。

また、「信頼」「安心」を作り出すということも、時間をかけて行わなければならないという意味では、単なる「手足」を超えたことが求められている。ここで信頼感・安心感とは、被支援者が、この介助者は自分のことを「人」として扱ってくれる、という感覚のことなのだろう。その意味で、「意思決定」支援のなかには、意思が尊重される前提として人格的関係が必要なのだということ（ある意味ではごく当たり前のことだが）が示唆されている。単なる「手足」だけでは、被支援者に対して「人」として扱われているという感覚を与えることができないだろう。「心」がないからである。その意味では、オーサーシップの問題は、支援における終点（なされた決定が本当に当人に帰属できるか）にかかわるだけではなくて、常にオーサー（行為主）は被支援者であると思わせるような配慮が示されることで、被支援者に「意思決定」することを可能にさせるという側面もあるだろう。

こうしたことをふまえ、「狭義の意思決定支援」においてもオーサーシップの問題が生じることを最後に指摘しておきたい。本研究報告で検討対象になった「働く」という意思決定は、就労移行支援サービスなどを利用すると決定した時点で、すでにクライエントによって意思決定されたものと半ば常識的にみなされている。しかしながら、精神・知的障害者たちの「働く」という意思決定はだれによってなされた決定だろうか。障害者本人か保護者か支援者か。「働けるのであれば（障害を抱えていても）働くべきだ」とする常識的知識なのかもしれない。

6-5. 結論

本研究の目的は、障害者支援施設における意思決定支援を構成する、人びとの経験に先立つ常識的知識を提示し、意思決定支援と、常識的知識やオーサー

シップの関係を考察することで、社会福祉的な意思決定支援の概念を明確化することであった。本研究においては先行研究や社会福祉関係法規の条文などから、非日常的な法的・契約的決断に関する意思決定を「狭義の意思決定支援」、厚生労働省や社会福祉業界で共有されているような、日常的な生活に関わる意思決定までも含める意思決定支援を「広義の意思決定支援」と分類した。そしてそれぞれの意思決定支援に関わるケースについて分析し、それによって得られた知見を考察した。

　「狭義の意思決定支援」については、就労移行支援における「就職先を選択する」事例を、その選択様式の論理文法に従い、「就職先を選択する」という意思決定は何を意思決定しているのかという、意思決定の対象カテゴリーについて分析した。「どこに就職するのか」という決定と「（ある期限までに）就職するのか」という決定はそれぞれ異なるカテゴリーから決定しているにもかかわらず、前者を一定期間内に決定することで、いつの間にか後者の決定がなされていることを人びとは見逃しがちである。ここで得られる知見は、「大学を卒業したら働く」「ある年齢に達したら働く」のような（健常者にとっての）常識によって見えにくくなってしまっている、知的障害者の「働く」という意思決定そのものがなされているのかどうかの問題であった。「狭義の意思決定支援」は基本的に法律系の議論を参照したものではあるが、実は法律学系の先行研究のほとんどは桐原の研究（2014）に代表されるように、法律学の枠の外を参照しない。社会福祉実践においても意思決定支援概念のもとでの実践がなされていることを知りながら、そちらの先行研究を参照しようとしないのである。本研究では就労移行支援実践で意思決定支援が問題とされたケースの論理文法を分析したが、本研究で採用した研究方法論の有効性を読み取れるならば、法律学と社会福祉学の双方に研究方法論についての示唆も与えることができるだろう。

　「広義の意思決定支援」では、意思決定する人単独での意思表示が難しい場面が想定されており、「狭義の意思決定支援」や「介助者＝手足」論とは異なる様式の意思の確認方法、つまり、「まずは介助者が動いてみて、その反応を通じて当事者の意思を確認する」という確認順序が、可能な意思決定支援方法としてありうることを示した。このクライエントの意思の確認順序では、オーサーシッ

プの問題が表出する。つまり、「その意思決定はだれによってなされたものなのか」という問題である。しかしながら、ここでのオーサーシップについては、もはや回答は明らかなようにも思われる。オーサーシップの問題を単一の人間に割り振らなければならない理由がないならば、主なオーサーはクライアントと支援者の二人である。広義の意思決定は主に意思決定者と支援者（介助者）たちの協働でなされているからである。この結論は、複数の参与者の対面相互行為的達成を記述する相互行為分析の研究との接続可能性を示唆している[10]。

---

10) 本研究の分析対象領域と近い研究として、西阪、早野、黒嶋（2015）や三部（2017）の研究がある。西阪、早野、黒嶋の研究（2015）では若者就労支援カウンセリング場面における「意思決定」のあり方として、クライアントに受け入れられやすい提案のデザインについて考察がなされている。三部（2017）はアドバイザーがクライアントの発言を促す二つの方法を記述し、クライアント自身にできるだけ多く語らせる方法について示唆している。

終章 ｜ まとめ

　「配慮を必要としない多くの人々と、特別な配慮を必要とする少数の人々
がいる」という強固な固定観念がある。しかし、「すでに配慮されている
人々と、いまだ配慮されていない人々がいる」というのが正しい見方であ
る。多数者への配慮は当然のこととされ、配慮とはいわれない。対照的に、
少数者への配慮は特別なこととして可視化される。（石川2004：242）

　この一説は、石川が『見えないものと見えるもの』（2004）のなかで、「配慮
の平等」を巡って述べたものである。合理的「配慮」という言葉が「障害者の
権利に関する条約（略称：障害者権利条約）」（Convention on the Rights of Persons
with Disabilities)[1] のなかに登場するreasonable accommodationの、外務省による
翻訳語として公に登場するのが2014（平成26）年の1月であるから、それより
も10年以上早く石川は「配慮の平等」についてのクリティカルな指摘をしてい
ることになる。ここで石川が「平等」という概念を使用していることからわか
るとおり、石川はこの時点ですでに「配慮」を「心くばり」「忖度」的な意味で
使用しておらず（「心くばり」「忖度」と「平等」は結びつかない）、「配慮」を
権利の問題の延長線上に位置づけていることがわかる。
　本書を最初からここまで読み進めてこられた読者のなかには、本書を「合理
的配慮の実践例の研究なのではないか」と思われた読者もいるかもしれない。
そこで終章では、本書と合理的配慮の関係について述べることで、本書のまと

---

1)　外務省のホームページ（https://www.mofa.go.jp/mofaj/gaiko/jinken/index_shogaisha.html）によると、
「障害者権利条約」は、2006年12月13日に国連総会において採択され，2008年5月3日に発効した。
日本は2007年9月28日、高村正彦外務大臣（当時）がこの条約に署名し、2014年1月20日に、批准
書を寄託した。また、2014年2月19日に同条約は日本において効力が発生した。

めとしたい。

　まず、「合理的配慮」という訳語の奇妙さについて指摘する。川島（2016：35）によれば、reasonable accommodation を「合理的配慮」と訳すことに対してはさまざまな異論が提起されてきた。「配慮」の代わりに「対応」「便宜」「変更」「調整」などを用いるべきであるといった主張である。実際、accommodation を辞書で引いても、ほとんどの辞書には「配慮」が載っていない。清水ら（2016：19）が指摘しているように、「配慮」は「心くばり」を意味する語であって、reasonable accommodation を「合理的配慮」と邦訳するのは適訳ではなく、なぜなら「心くばり」では、障害者の「権利」という意味合いが十分に伝わらないからである。清水らは、「合理的配慮」は「理にかなった対応（措置）」とでも訳出されるべき用語であると述べている。

　これらの指摘が正しいとすれば（実際筆者も正しい指摘であると思っているが）、合理的配慮は「理にかなった対応や調整」ということになり、本書のいう最適化実践＝デザインと、かなりの部分重なることになる。したがって、本書でさまざまに記述された「デザイン」の多くを「合理的配慮」の実例として読むことは、ある意味自然な読み方だろう。筆者自身、そのような本書の読まれ方自体は全く不当な読み方だとは考えていない（し、実際そのように読んでいただけたならば、嬉しくさえ思う）。なぜなら繰り返しになるが、「理にかなった対応や調整」と、本書のいう最適化実践＝デザインは、かなりの部分が重なるからだ。そこで、本書が「合理的配慮の実践例の研究」（このようなタイトルの方が本書は売れたかもしれない）ではなく、「障害者の福祉を可能にするデザイン実践の研究」であるとする理由を述べてみたい。

　一つは時系列の問題がある。「はじめに」の日本理化学工業の引用や終章の石川の引用がまさにそうであるように、障害者福祉に携わる先達たちは、「合理的配慮」という用語が生まれる前から「理にかなった対応や調整」というものをしてきた。自分たちのしてきた「理にかなった対応や調整」を、わざわざ2014年に登場した「合理的配慮」という新しい用語に置き換える必要はないだろう。そもそも、当時の日本理化学工業で障害者雇用にかかわった人びとは、自分たちのしていることを当時は「合理的配慮」と記述していたわけではないし、記述することはそもそもできない。したがってその意味では、現在の視点から「合

理的配慮」の実践と位置づけなおすことができたとしても、本書で記述した実践の多くは、実践した人びとにとっては実際に「合理的配慮」ではなかったのである。これは１章、２章、３章の一部、４章のケースにも同じことが言える。「合理的配慮」という語が生まれるはるか昔から「理にかなった対応や調整」はなされてきたため、本書のデザインの記述を「合理的配慮の実践例の研究」と呼びにくいという事情がある。

　二つめは、語や概念の射程の問題がある。「合理的配慮」という言葉は、その出自が示しているとおり、法律（条約）由来の語であるし、権利の問題でもある。しかしながら本書では５、６章を除き、権利配分や権利擁護の話をしているわけではない。また、「合理的配慮」という用語には役割配分が内包されているように思われる。合理的に配慮するのが健常者で、配慮されるのが障害者という図式を容易に描くことができる。しかしながら本書で繰り返し記述してきたこととは、こうした固定的な役割図式ではなく、流動的で協働的なやりとりのなかで生じるデザインである。他方で、デザインは、人間から道具や配置、時間から地域との関係性まで（さらにはグラフィックから情報まで）射程がある。つまり、「合理的配慮」は、本書で使用するには射程が狭すぎるのである。

　三つめは、「デザイン」という語や概念のもつ「野生」感である。すでにおわかりのとおり、この世界はデザインであふれている。どこにでも落ちているようなもので、だれでも利用可能であり、そしてだれもが何かを常日頃からデザインしている。これを本書の文脈に即していうならば、デザインは、（法律や福祉の専門用語色の強い「合理的配慮」とは対照的に）障害者福祉の専門家や障害者の支援者および家族だけが特権的に使用できるものでもない。これは１章のケースをみれば明らかだ。本書の想定読者には、これまで障害者や障害者福祉とは全くかかわりがない人びとが含まれている。これは単に「そのような人たちに読んでほしい」という著者の願望というよりも、デザインそのものがだれかに特権的な地位を用意していないためである。つまり、だれもが障害者福祉のデザインについて語ることができ、デザイナーになりうるわけである。

　ここで本章の冒頭の引用に戻ろう。本書の関心に引き付けて石川の指摘を借用するならば、この世界には「（多数派や健常者に都合よく）すでにデザインされた世界と、いまだデザインされていない世界がある」。本書は、半ば期待を込

めて言うならば、沃野として広がる「いまだデザインされていない世界」[2]にデザイン概念を持ちこむ試みであり、半ば野心を込めて言うならば障害者福祉における「デザインアプローチ」の試みを素描したということになるだろう。サイモン（1996=1999：134）によれば、一般的に言って、アカデミックなものは、知的な意味で、厳密で分析的で定式化でき、教授可能な内容を必須としている一方で、デザインまた人工物の科学については、かなり多くのものが、知的な意味で厳密性を欠き、直観的で定式化できないものであったとされている。

そこで本書はサイモンの言葉で締めようと思う。

　　人類固有の研究課題は、人間そのものであるといわれてきた。しかし私は、人間というもの——少なくとも人間の知的側面——が比較的単純であること、および人間の行動の複雑さと大部分は、環境からあるいは優れたデザインを探索する努力から生じてくることを述べてきた。もしも私の主張が正しいとするならば、技術教育に関する専門的な1分野としてのみならず、すべての教養人の中心的な学問の1つとして、人間の固有の研究領域はデザインの科学にほかならない、とわれわれは大まかに結論することができるのである。（Simon1996=1999：165）

---

2)　「いまだデザインされていない世界」のわかりやすい代表例としては、「学校」などが挙げられる。これについては羽田野（2018）の論考を読むとよくわかる。

補論｜ゆがんだ麦を植える人たち　　今井優美

1．はじめに

1-1．精神障害者施設ノンフェールの精神

おまえが失ったものを／取り返そうなどと考えてはいけない／かなしみは／失われたものにあるのではなく／奪われたおまえにあるのだから／おまえが失ったものは／たかだか給料の半年分ほどだと／やつらは計算し／いつでも返せる気でいる／だからもう／取り返すことなどできはしない

おまえが失ったものは／「たとえば狐の皮ごろも」／たとえばいたちの隠れ糞／であったとしても／奪われてしまったおまえのかなしみは／消えはしないだろう／カシオペアが何百回と回転し／白鳥が何千回と／西のそらに沈んでいっても／もう／取り返すことはできない

だが／おまえの肩をゆさぶりながら／おれに言わせてくれ／そんなかなしみを抱いている／おまえにできることは／失ったものを取り返すことではない／やつらからおまえを取り戻すことではない／おまえが／やつらのいる世界をやめさせられないかと／言っているのだ／おまえが知らなかったおまえを／未来に描き出すことはできないかと／おまえの震える背中に向かって言っているのだ

おまえは／おれと／旅立たないか／あそこの／まとまった名前などない土地に行き／打ち棄てられたモミを拾い集めて／ゆがんだ麦を／植えてみないか

　　　　　　　　　　「ノンフェール・那須地人協会設立趣意書・終章」[1] より

---

1)　本稿ではノンフェール自身が発行する「ノンフェール・那須地人協会設立趣意書」のような文書から「ディファレンシャル」「News Letter」のような小冊子、「心の枠と枷」や「ノンフェール詩」のような小冊子よりも少し厚みのあるブックレット（同人誌）を多く引用する。ほとんどのものは一般流通していないため、これらの文献にアクセスするのは一般に難しい。

　これは精神障害者施設ノンフェール（以下「ノンフェール」）の活動とほぼ同時に始まった「ノンフェール・那須地人協会の設立趣意書」である。これについて、荒井（2012）は「強く健やかな麦を育てることが『常識』で『意味のあること』だというのなら、あえて『ゆがんだ麦』を育てるという『非常識』で『意味のない』ことをしてみよう。その先に、いま生きるのがつらい人たちにとって、少しだけ生きやすい世界があるかもしれない。もしかしたらないかもしれないが、それでも『ゆがんだ麦』を育てるのは、たぶん、きっと、それなりに楽しいことなのだろう」と「生き延びるための『障害』──ルポ『支援する言葉』たち」の中で述べている。

　「ゆがんだ麦を植える」というのは、「ノンフェール」の実践のことである。本研究では、すべての行動に意味を求められる現代社会で「ゆがんだ麦を植える」という、荒井の言葉を借りるなら「意味のない」実践を試みる「ノンフェール」の実践とその実践を支えている思想を分析する。ノンフェール・那須地人協会設立趣意書にある「やつらのいる世界」とは、「おまえが知らなかったおまえ」とは何のことを言っているのだろうか、そして「ゆがんだ麦」を育てた先に、「ノンフェール」はどのような光景を思い描いているのだろうか、そんなことを考えながら本稿を読み進めていただければと思う。

1-2.「ノンフェール」について

　「ノンフェール」の思想や実践の分析の前に、「ノンフェール」がどのような経緯で始まり、どういった場所なのかについて『501BEANS ブックレット No. 4「心の枠と枷」』（以下「心の枠と枷」）などから引用しつつ少し触れておきたい。

　2009年5月、栃木県の「自殺予防対策」の一環である「日中一時支援事業」の委託を受け、精神医療を受けている人たちの「居場所」として、NPO法人ノンフェールは立ち上がった。「ノンフェール」では、多くの福祉施設が行っているような就労支援や生活支援を目的とした「作業」を推進していない。その理由として、「ノンフェール」の運営者のYさんは次のように記述している。

　　　精神医療の只中にあって決して生き心地のよい生活をしているとは言え

ない人たちにとって、「プログラム」という作業（労働）をすることで「精神障害者」でも社会の片隅においてもらえるのだ、という何か割り切れない卑屈さばかりがつのっていく状況を垣間見てきたからだ。

（「心の枠と枷」p.8）

　福祉施設の多くが、日々を単純作業や「プログラム」で埋めることに忙しい。たとえそれが「障がい者アート」の名称を与えられたり「生産活動」の端くれにおかれたとしても、自己への「閉じこもり」を壊して思いもよらない「自分」を創造してくれるものではないだろう。だからノンフェールでは「プログラム」はしない。同じものを作らない。なにもしない。

（「ディファレンシャル」No. 28）

「なにもしない」といっても本当になにもしない訳ではない。「ノンフェール」のいう「なにもしない」とは「意味のないこと」をするということである。そのため、「ノンフェール」ではむしろ「なんでもできる」環境が整えられている。織機や染色の道具、ステンドグラス製作のための技術と資材、パソコン、画材そして音楽や映画鑑賞のための機材や楽器、お昼寝用のベッドなど、実にさまざまなものがあり、それらを行う場所（教室）もある。つまり「なにをしてもいい」のである。

　誤解がないように付言するが、「ノンフェール」の「なにもしない」は実に多義的、多元的である。「ノンフェール」には「なにをしてもいい」、「なんでもできる」環境が整えられているが、なにかをすることを強制しているわけではない。なにもしない、ただそこに存在するということも「ノンフェール」の「なにもしない」には含まれる。むしろこのような感覚の中で人々が思い思いに（広い意味で）活動することを、「ノンフェール」では「なにもしない（意味のないことをする）」という。

1-3.「ノンフェール」と宮沢賢治
　宮沢賢治は岩手県立花巻農学校を退職後、近所の農民とともに農民たちによる芸術の実践や農村の改善を目指し、羅須地人会という私塾を開いた。ここで

は、農作業をするかたわら、地元の人と童話の朗読会や楽器の練習が行われ、科学やエスペラント語、農業技術なども教えられていた。また、自らが唱える「農民芸術」の講義も行われた。この講義の題材として、宮沢賢治は『農民芸術概論綱要』を執筆し、その中の「農民芸術の興隆」で、以下のように述べている。

　　「農民芸術の興隆」

　　……何故われらの芸術がいま起らねばならないか……

　　曾つてわれらの師父たちは乏しいながら可成楽しく生きてゐた
　　そこには芸術も宗教もあった
　　いまわれらにはただ労働が　生存があるばかりである
　　芸術はいまわれらを離れ然もわびしく堕落した
　　いま宗教家芸術家とは真善若くは美を独占し販るものである
　　われらに購ふべき力もなく　又さるものを必要とせぬ
　　いまやわれらは新たに正しき道を行き　われらの美をば創らねばならぬ
　　芸術をもてあの灰色の労働を燃せ
　　ここにはわれら不断の潔く楽しい創造がある
　　　　　　　　　　（宮沢賢治『農民芸術概論綱要』「農民芸術の興隆」）

　宮沢賢治は当時の農民の姿や生活実態、嘆きをみて、改善を目指した。『農民芸術概論綱要』では、芸術活動を生活に取り入れ、「近代科学の実証と求道者たちの実験とわれらの直観」を頼りに、「明るく生き生きと生活をする道（宮沢賢治『農民芸術概論綱要』「序論」)」を探究するという意思を示している。
　この精神は「ノンフェール」の思想と共通するところがあるように思う。たとえば、「ノンフェール」では詩の朗読会が開催されていたり、畑の仕事、ステンドグラスの製作などがなされたりしている。これら一連の「ノンフェール」の活動は、羅須地人会を連想させるのに十分だ。そもそも「那須地人協会」という名称は、「羅須地人会」に重ねてつけられた名称である。冒頭に記した「ノ

ンフェール・那須地人協会」の設立趣意書も同様に、私たちを、新しい景色を
生み出す探究の旅路へ誘っている。「ノンフェール」と宮沢賢治のつながりはこ
れだけではないが、論の冒頭ではこれに留まりたい。

1-4. 本研究の目的と方向性

　本研究では「ノンフェール」の実践内容については記述しない。そもそも「な
にもしない」実践を記述することはできない。本研究で明らかにしたいことは、
「なにもしない」実践を支える「ノンフェール」の思想、つまりなぜ「なにもし
ない」のか、「なにもしない」とはどのようなことなのか、どういった考えのも
とで「なにもしない」活動をしているのかといったことになる。

　「ノンフェール」が発行している小冊子や同人誌は、活動報告や出来事も書か
れているが、読み手に対してパズリング（puzzling）のような働きかけをするこ
とで、報告が達成されている。「ノンフェール」の発行する文書や小冊子をその
まま読んだところで、文字通りに理解することは難しい。たとえば「ゆがんだ
麦を植えてみないか」と言われたところで、「はい、植えましょう」とはなかな
かならないだろう。そこには難解で有名な思想家たちの難解な言葉、難解な比
喩がたくさん登場する。その思想家たちが何を述べているのか理解できなけれ
ば、その冊子で書かれていることの核心に迫ることができない。つまり、「ノン
フェール」が発行している小冊子や同人誌は、「ノンフェール」の活動報告をし
つつ、読者に対して、現代思想を参照するように促す「働きかけ」がある。本
研究では、「ノンフェールはなぜ『なにもしない』のか」を軸に、その「働きか
け」にしたがって「ノンフェール」の思想をいくつかのカテゴリーに分けて記
述する。そして、それらを記述することとは、「ノンフェール」の小冊子や同人
誌のテキストを分析することでもある。

2. 「なにもしない」時間で自分を創造する

2-1. 「ことばの実践」

　「ノンフェール」では、「自分だけの生きにくさ体験」を見つめ直すために、
膨大な言葉のやり取りがなされている。この「自分だけの生きにくさ体験」の

例として荒井（2012）は次のように述べている。

　　　幼少期に「幸せ」の原体験を与えられなかった人は、そもそも「幸せ」
　　の具体的なイメージを持ち合わせていないことがある。そのような場合、
　　（中略）「幸せを得たい」と願うあまり、「幸せになってこそ生きる意味があ
　　る」という思いに駆られ、「幸せになり切れない自分」を更に傷つけてし
　　まったとしたら、それはあまりにも悲しい事態である。（中略）関連して付
　　言すれば、不幸な境遇を生き延びた人は、その境遇を生き延びるために「不
　　幸に耐える自分」という自己像を作り上げていることがあり、一般的な「幸
　　せ」のイメージにどうしても馴染むことができず、複雑な葛藤を覚えるこ
　　とも少なくない。
　　　　　　　　　　　（生き延びるための「障害」──ルポ「支援する言葉」たち）

　このような体験が、自分の感じている生きにくさの中にあるのなら、「自分だ
けの生きにくさ体験」を見つめ直す必要がある。この見つめ直しを「ノンフェー
ル」では「言葉を裏返す」と表現し、膨大な量の言葉がやり取りされている。
　「ノンフェール」が発行した詩集「ノンフェール詩」では、個という閉じられ
たシステムから「脱獄」するため、つまり、「自分だけの生きにくさ体験」＝
「つらさ」を抱えた今の自分から抜け出すための「ことばの実践」が記されてい
る。「ノンフェール詩」に、次のような記述がある。

　　　ノンフェールに仲間意識を持ち込まない、「絆」や「まとまり」など、気
　　持ち悪いものを作らない。そんなもので縛りつけ拘束しあうのはごめんだ、
　　と考えてきた。そのために言葉が必要なのだ。（ノンフェール詩 vol. 12：2）

　　　ノンフェール詩の言葉は「人間の啼き声」を不完全なままにあらわす震
　　えである。そしてそれは、いくつもの音色が交錯する、ちょっとばかし荒
　　んだ谷間の「声の出来事」なのだ。ポリフォニーとは、声によって啼かれ
　　たような言葉が、次元の異なる声に変容しつつ、いくつもの響きとなって
　　いく出来事である。個という閉じられたシステムから「脱獄」するために

は、こうした異次元への響きが必要なのだ。いっておくが、これは個の「つながり」のためではない。「個」がそのシステムから脱して、異次元的に変容する出来事をこそイメージしているのだ。これがノンフェール詩ポリフォニーである。(ノンフェール詩vol. 12：3)

　以上からわかるように、「ノンフェール」の「ことばの実践」は、「ポリフォニー（錯声）」、（「絆」の形成ではなく）「異質性の保障」、「変容」が軸となり、実践される。
　荒井（2012）は、「ノンフェール」では「『生きにくさを抱えた人ほど言葉を積み重ねる必要がある』との認識が共有されているように感じられる」と述べているが、長年生きにくさを抱えてきた人ほど、多くの言葉を積み重ねなければ、閉じられた自分から、新しい自分を創造していくことができないのだろう。しかし、多くの言葉を重ねれば重ねるほど核心は言葉の影に隠れてしまう。そこで「ノンフェール」はノンフェール詩にあるような「ことばの実践」を始める。「ノンフェール」では、不完全なままにあらわす震え（＝言葉）を発し、「壊れる→回復」を繰り返すことで、変容、つまり自分を創造していくのだ。そこには現代思想的な考え方の基盤があり、その上で実践がなされている。この現代思想的基盤については後述する。

2-2. オープンダイアローグと「ことばの実践」の違い

　こうした「ことばの実践」は、精神病の介入技法であるオープンダイアローグ[2]を思い浮かべる読者がいるかもしれない。前節で「ノンフェール」の「ことばの実践」について述べたが、両者には類似点がいくつもある。しかしながら、オープンダイアローグという手法は、「ノンフェール」には根本的に馴染まないかもしれない。なぜなら、「ノンフェール」に通う利用者たちは長年つらさを抱え続けてきた人たちであるため、発症初期の患者を対象とするオープンダイアローグでの対応はほぼ不可能であるように思われるからだ。
　ここで考えたいのは、「ノンフェール」の実践とオープンダイアローグでは何

[2]　主たる治療対象は発症初期の精神疾患とされている。ユバスキュラ大学教授のヤーコ・セイックラ氏がこの治療の中心人物。

が違うのかであるが、結論からいうと大きな違いの一つは「実践の土台の違い」である。両者に共通する実践の土台としては哲学的思想が挙げられるが、その他にオープンダイアローグは、「医療的専門性」や「論理」を土台とし、実践を展開している。一方、それに代わる「ノンフェール」の実践の土台は「芸術性・文学性」である（オープンダイアローグにもこの要素は当然含まれるが、「ノンフェール」はこの「芸術性・文学性」がきわめて強い）。「ノンフェール」は言葉をポエティックに使い、長年抱えてきたつらさでがちがちに固められた自分を壊し、新しい自分を創造する。そこがオープンダイアローグとの違いであると言えるだろう。つらさで固められた自分を壊し、新しい自分を創造する時に、芸術性や文学性が重要な役割を担ってくると考える。なぜ、芸術性や文学性が重要になってくるのか、これについても後述したい。

2-3.　水のように流れるような人間関係　―弱いつながり―

　ここでは「なにもしない・なんの価値もない」ように見える時間で「自分を創造する」という実践が、どのような人間関係や環境のもとで成り立っているのかを述べる。

　下記の引用は、自助グループ（AA）に参加しながら「ノンフェール」を利用している自称ジョブが自助グループでのやりとりについて話した内容である。

　　敢えて名を明かさず、匿名のまま、自らの直面している問題やいま考えていることなどを語り、それを問いただしたり批判したりすることなく聞く。その流れの中で自分のことを語り合う。そのやりとりで生じていることについて、ジョブは「その時はみんながここに居ることを感じて気持ちが楽になる」と言う。だからといって、その「共同感」はそれぞれの行動や日常を縛る「絆」になるのではなく、ミーティングが終わればきれいに消えてしまうのだ。まさに切れやすい絆によって結ばれているとでもいうべきか。「そういう共同感がほっとする」とジョブは言うのだ。

（ディファレンシャルNo.28）

この切れやすい絆といわれるような関係の中で、「ノンフェール」の実践も行

われている。一般に福祉的支援では、個々人とのつながりや地域とのつながり
が重要視され、求められる傾向にある。ソーシャルインクルージョンという理
念がまさにこのことを示している。しかし、固い絆や一体感はかえって人を苦
しめるものでもあるだろう。「ノンフェール」には、仲間意識や縛りつけ、拘束
し合うような固い絆は存在しない。あるのは共時的出来事[3]から成る「弱いつ
ながり」である。つまり、「なにもしない」関係とは、弱いつながりによって成
り立ち、弱いつながりとは共時的出来事により、通時的、閉じた関係を切断す
ることで成立する。

3.「なにもしない」実践の根底にある思想

3-1.　制度化されたプログラムからは生産されない主観性
3-1-1. 反制度
　横山（2015）は、熊谷（2012）を参考に次のように述べている。

> 　「構成的体制」、聞きなれない言葉だが、熊谷によるとこれは「常識」「法
> 律」「制度」「規範」、つまり社会で共有されている「ルール」のようなもの
> を全部ひっくるめたものとのこと。だとすると社会の中で流通しているド
> ミナント（優勢）な「意味づけ」のようなものと言えそうだ。
>
> （ノンフェール詩vol.12：24）

　一般に福祉的支援とは、法や制度にのっとった支援である。つまり、この「構
成的体制」（多数派が支持する社会のルール）に適応できなかった人に、それに
従わせていくような訓練を行うことが（福祉的）支援と呼ばれる。そしてさら
にそのような人びとは働ける者と働けない者に分けられ、働ける者に対しては
自立訓練や就労支援、働けない者は医療保護入院や療養介護という構造を形成
することで、福祉的支援は成り立っている。繰り返しになるが、おそらく「ノ
ンフェール」はこの福祉的支援の構造に違和感があるのだろう。それ以前に、

---

3)　コンテキストの撹拌、異化、「スイッチャー」の役割。

そもそもこの社会の構造にすら違和感があるのかもしれない。すなわち、働ける人と働けない人をつくり出し（＝就労支援）、統治者にとって都合の良い身体をつくり出す（＝訓練）、この現代資本主義社会にだ。以下の引用からそれらがわかる。

　　ノンフェールのみんなで考え話し合ってきたことがある。いうならば「社会が自由であるために人が拘束される制度――そんなものは要らない」というもの。障害や病気を根拠にして、当事者の意向が他者に代行され監視される制度（……）その一方で「自立しなさい」とプログラミングされる。そんなダブルバインド的な命令を放ってやまない医療・福祉サービスに、理由が分からずみんなうろたえているのだ。うろたえながら、受け身になって、無難な選択肢を探している。こうして管理とサービスの対象としてのみ「当事者の主体性」が処理されていく。（ディファレンシャルNo.19）

ガタリの主体性の生産についての指摘と合わせ、Yさん（「ノンフェール」の運営者）は次のように述べている。

　　〈孤立した個々人を既存の意味作用から断ち切って新たな「主観性／主体性の生産」に導くのは、詩的機能・触媒に関わる〉と指摘したのは、かつてフランスのラボルト病院で働いていたF・ガタリだ。ここにある大いなる「ヒント」に、再びそして何度でも挑んでみようと思う。

（ディファレンシャルNo.28）

　前章では、「ノンフェール」の実践の土台の一つに「芸術性・文学性」があると述べたが、上記の記述からもそれがうかがえる。さらに、上記の引用に「主観性／主体性の生産」とあるが、これはどういうことなのか、次項ではガタリのいう「主観性／主体性の生産」について述べる。

3-1-2. 主観性の生産
　主観性について語るときに生産という言葉を使ったのはガタリであるが、主観性に対して生産という言葉を使うとき、私たちはいささか違和感を覚えるだ

ろう。それは私たちが、主観性は「外界のさまざまなものの影響を受けること
でつくられる産物」であるという考え方に馴染んでいるからだ。別な言い方を
するならば主観性というものは自然発生的なもので、生産の対象にはなりにく
い。では、なぜガタリは主観性に生産という言葉を使ったのか。これについて
ドゥピュセ（2012）は次のように述べている。

　　主観性を整えるだけでは狂人の「狂い」に適合するのに十分ではなく、
　もっと先まですすんで、新しい主観性を生産しなくてはならないのだ。そ
　のとき狂人は世界との関係を発見して、絵画が狂人を活性化したり、看護
　師が存在との新たな関係を発見してそれをわがものにする、といった事態
　が起きるのである。（ドゥピュセ2012：35）

　ドゥルーズ＝ガタリは拡散する人間の欲動を一定方向に導くことをコード化
と言い、そこから逃走し、本来の自由な欲動の流れを獲得することを脱コード
化と言った。上記のドゥピュセ（2012）が述べたことは、脱コード化により主
観性が生産されるということなのだろうか。これについては、次節で述べる。
　『三つのエコロジー』でガタリは「主観性」について次のように述べている。

　　主観性というのは複数的であり、ソ連の文芸論家ミハイル・バフチンの
　表現を借用していえば、多声的なものなのです。したがって主観性は、単
　一の因果律にしたがって支配的な決定的審級がその他の諸審級を先導する
　といったシステムとは無縁な存在です。（ガタリ1989=2008：78）

　　私が主観性というもののとりあえずのもっとも包括的な定義として提起
　したいのは以下のような内容です——個人的そして／あるいは集団的な諸
　審級が、それ自体主観性の表出にほかならない他者性と隣接関係もしくは
　相互規定関係を保ちながら、自己参照的な実在の領土[4]として浮上するこ
　とのできるような状態を可能ならしめる条件の総体。

4）　主観性のテリトリーを表す。

　　　　　　　　　　　　　　　　　　　（ガタリ1989＝2008：85）

　つまり、主観性は必ずしも個人を経由するものではなく、人間集団、社会－
経済的集団、情報機械など多様な構成要素の交差点において横断的に作り出さ
れ、絶えず「生成変化」するものである（ガタリ1989：22あるいは杉村2012：
166）。

　そのような永続的に「生成変化」する主観性の「主体」とは何なのか。これ
について杉村によれば、ガタリは「たとえばそれは映画や映像を見たり、音楽
を聞いたりしているときに、人が陥ることのある眩暈的な境地、いわば自他の
境界が溶解した『カオスモーズ』[5]的な状態のなかで発生し、それ自身で生き始
める『何か』である」（杉村2012：169）という比喩で示唆するにとどめており、
「逆にこの『何か』の発動を抑制しているのが『何』であるのか、いわば『言表
行為の動的編成』をおしとどめているのがいかなるシステムなのかは、よくわ
からないと告白してもいる」（杉村2012：169-170）。これについて杉村（2012）
は次のように述べている。

　　それ[6]は異質発生であるがゆえに制度を破壊する能力をそなえているの
　だが、同時にそうであるがゆえに制度化されえないものでもあるだろう。
　（中略）したがって、異質発生としての「主体」を触発しえないような制度
　は「生命体」として死滅するか機能不全に陥るだろう。そして、逆説的に
　も、制度化されえない「主観性」、制度の中に回収しきれない「主観性」こ
　そが、こうした「制度」の「生命維持装置」としての「主体」の培養地で
　あり、発生基盤になっているのでないだろうか。「主観性」は「制度」の
　「破壊装置」であると同時に「制度」の「生命維持装置」でもあるのだ。だ
　からこそ、ガタリは「主観性」の生産を「潜在意識」あるいは「無意識[7]」
　の生産と結びつけるのである。（杉村2012：170）

5）　カオス（混沌）とオスモーズ（相互浸透）から新たなコスモス（秩序）への胎動を暗示する概念。
6）　主体を指す。
7）　フロイト的な意識・無意識の二元論的類別ではなく、多数多様な主観性の層、かなり大きなひろが
　りと一貫性をもった異種混交的な層からなる無意識のこと。

　では、主観性の生産はいかにしてなされるのか。これについてガタリは、多様な潜在性の諸線が交差する十字路（＝主体性が作り出されるところ）で歴史的な刻印（＝規範、規律）をおびた特異性の世界をまっとうに再構成することができるのは、ひとえに詩的機能をおいてほかにないと述べている（ガタリ1989=2008：96-97）。その理由について、続けてガタリは次のように述べる。

　　詩にとって大切なのは、メッセージを伝達したり、自己同一化の支柱としてのイメージや模型化の手続きの支えとしての形式的パターンを供給したりすることではなくて、マスメディアのつくりだすカオスの渦中で一貫性や持続性を獲得できるような実在的作用因子を触発することです。
　　書いたり、声を出したりする活動、あるいは音楽や造形のいとなみのただ中で作動しているこの詩的－実存的な触媒作用は、芸術作品の創造者、解釈者、愛好者の言表作用的な再結晶化をほとんど共時的にひきおこします。この触媒作用の効能は、それが記号的に構造化された直示的な意味作用の織り物のなかに、能動的・自己成長的な切断をつくりだすことができるということにほかなりません。そして、そこから新しい参照世界が作動していくことになるのです。（ガタリ1989=2008：97-98）

　つまり、詩的－実存的な触媒作用の効能は、「支配の過剰性の網目とか、「決まりきった」組織――言いかえれば古典的秩序――を一変させることができるようなわずかの分岐、分子的切断」（＝主観的生産の奥深いバネ＝存在を自己創造していく意味の切断）（ガタリ1989=2008:98-100）をつくり出すことであり、それを把握し発動させていくためには、詩から教えられるところが多いのではないかとガタリは述べている。

3-1-3.「ノンフェール」で創造される主観性

　ここまでは、「なにもしない・なんの価値もない」ように見える時間こそ、新しい自分を創造するために必要であると述べ、「ノンフェール」の実践の土台の一つに「芸術性・文学性」があると述べた。そして、本節では、管理とサービスの対象としてのみの「当事者の主体性」とガタリのいう「主観性／主体性の

生産」について触れた。これらのことから「ノンフェール」には、「芸術性・文学性」、そして「なにもしない（＝意味のないことをする）」時間が自分を創造するために必要であり、そこでは制度化されたプログラムからは生産されない主観性が創造される、という思想があると考えることができる。これらの思想のもと「なにもしない」実践がなされている。

3-2. 回収不可能性の問題

　本節では、回収不可能なものとは何か、それを「ノンフェール」はどのように捉えているのかといったことを、ノンフェール詩の横山（2015）の記述、ディファレンシャルNo.31の記述から分析する。

　横山（2015）は、熊谷（2012）を参考に次のように述べている。

　　　自立と呼ばれているものは実は依存先の分散した状態であって依存していないことではない。（……）だとすると、「自立しなければならない」は「依存先を分散しなければならない」として捉えることができる。
　　　　　　　　　　　　　　　　　　　　　　　　（ノンフェール詩vol.12：24）

　　　自分を押し殺して構成的体制に合わせようとする──そんなことをすればますます「つらく」なるだけ──のでなく、自分がアクセスできるものを自分のまわりに配置しておくことが勧められる。これは先の依存先の分散でもある。（ノンフェール詩vol.12：25）

　それは、アクセスした先で、「その人の中でなじめなかった構成的体制の変更、自分仕様の新たな意味づけが生成」するからであると熊谷（2012）を参考に記述されているが、あわせて、横山（2015）は必ずしもすべての人がそのようなプロセスを踏めるわけではないとも述べている。

　　　熊谷のいう新たな言葉を生成することも分かち合うこともできない者もいる。構成的体制はそれが多数派のものであれ少数派のものであれ、いず

れも意味づけられた秩序。当事者研究やポリフォニーも意味づけへの回収の一形態。そこでは自分の体験を意味づけの中に回収することの不可能性の問題はどのように捉えられているのだろうか。つらさはそこにも関わる問題であるように思えるのだが。（ノンフェール詩 vol.12：25）

　意味づけられた秩序の中では、回収不可能なものがある。福祉（制度）的支援では、全体の調和を優先し、回収困難なもの[8]は回収せずに切り捨てられるが、「ノンフェール」では「意味がないことをする（＝なにもしない）」中で、その回収不可能なものをどうにかする術を探っているのではないだろうか[9]。以下のディファレンシャル No.31 の連載エッセイ（伊藤計劃の小説『ハーモニー』を題材にした反「和声」論）の記述からもそれがわかる。

　　　ハーモニーに必要なのは、結局のところ「回収する作業」である。いくつもの楽器が「回収できない音」を切り捨てて調和のとれた和音を響かせるように、人の生を「調和させる」ことはむしろ「切り捨てる」ことであるのだ。そして、すべての声が同時に響くことで和声が生じるのであれば、ハーモニーには必ず「指揮者」が必要になる。顕在的であれ潜在的であれ「指揮者」が。合一的形式を保障し、その象徴として機能する「指揮者」が内在する。（ディファレンシャル No.31）

　ここでは反「和声」論を書いているので、当然ながら上記引用の趣旨は、「指揮者」は必要ないということである。では、「ノンフェール」が是認する「指揮者」がいない世界とは一体どういうものなのか。これについては 3-4. で記述したい。

3-3.　現代資本主義社会と「ノンフェール」

[8]　たとえば申請主義的社会福祉のもとでの申請されない困難などがこれに該当するだろう。典型例は児童虐待やＤＶ、各種依存症など。

[9]　「ノンフェール」では、利用者の訴えに応答しないこともあるが、これは切り捨てている訳ではない。その訴えの宛先が別にある（＝ノンフェールではない）ため応答しないのだ。

　「ノンフェール」を訪問した際、以前就労支援施設に通っていたＡさんが自分と他の利用者の待遇の差について不満を漏らしていた。その待遇の差についてＡさんは給料に差をつけることでその不満はいくらか解消されると話していた。能力や経験に応じて給料に差をつけることは一般企業では普通に行われていることである。そういった意味で、Ａさんの考えは妥当であるように思える。しかし、これに対し「ノンフェール」の運営者のＮさんは、「資本主義の流れに乗りたくない」「金銭で解決する方法には反対である」と述べている。本節では、『アンチ・オイディプス―資本主義と分裂症―』[10] をもとに、「ノンフェール」の資本主義に対する考えと分裂病患者に対する期待を分析していく。

　　哲学的に用いられる「狂気」という言葉はなじまないかもしれないが、それでもあえてその精神の「病」を「狂気」とよぶのなら、ドゥルーズやその思想を共有する人たちにとって、まさにその「病」が新しい時代と新しい人間の先駆けであったのだ。私たちもそのように考えるところがあった。（ディファレンシャル No.31）

　Ｙさん（「ノンフェール」の運営者）のいう、このドゥルーズやその思想を共有する人たちの「病」こそが、新しい時代と新しい人間の先駆けであるというアイディアは、ここまで記述してきた「ノンフェール」の思想を読み解くためのカギとなる。以下で『アンチ・オイディプス―資本主義と分裂症―』の引用をもとに記述していきたい。

　　欠如は、社会的生産の中で調整されて組織されるのだ。（……）生産は、決して、予め存在する欠如に応じて組織されるのではない。むしろ逆に前もって存在する生産組織の中に住みついて空胞となり、繁殖してゆくのが、欠如なのである。市場の経済学の立場からこの空虚を操作することは、支配階級の作為である。すなわち、豊富な生産の中に欠如を組織すること、欠如に対する大きな恐怖の中に一切の欲望を投げ込み動転させること、実

10）2002年、「分裂症」は「統合失調症」と表記されるようになったが、ここでは引用文献に記されている表記をそのまま引用した。

在する生産を欲望とは無関係なるものとして、欲望の対象だけを実在する生産に所属させること（〔足りないものを生産して補う〕合理性の欲求）。こうしたことが、すべてそうである。ところが、こうなるとこれと同時に他方では、欲望の生産は幻想の領域に限定されてしまうことになる。

（ドゥルーズ＝ガタリ1972＝1986：43）

　上記より、支配階級は、国家に資本主義を取り込むことで、「社会的生産」（コード〔資本主義の規律〕にのっとった生産）を調整し、「欲望する生産」（何にも置き換えられない生産）を抑圧することがわかる。これにより、資本主義国家は支配階級に奉仕しているとドゥルーズ＝ガタリは述べている。

　資本主義は欲望の流れを調整し、フロイトのいうエディプス・コンプレックス[11]を用いて、欲望を別の欲望によって置き換え、欲望の流れを内側に閉じ込める。しかし、分裂症患者はエディプス・コンプレックスから逃れており、欲望の置き換えがなされず、欲望の流れは常に自由な状態である。つまり、「分裂症とは、社会的生産の極限としての欲望する生産」（ドゥルーズ＝ガタリ1972＝1986：50）なのである。

　　分裂症は資本主義そのものの外なる極限、つまり資本主義自身の最も深い傾向のゆきつく終着点であるが、資本主義は、この傾向をみずからに禁じ、この極限を押しのけおきかえて、これを自分自身の相対的な内在的な極限に《つまり、拡大する規模において、自分が再生産することをやめない極限に》代えるのだ、と。（ドゥルーズ＝ガタリ1972＝1986：294-295）

　　オイディプスは、このおきかえられた、あるいは内在化〔内面化〕された境界線なのである。欲望は、この境界線に捉えられることになる。

（ドゥルーズ＝ガタリ1972＝1986：319）

11）母親を手に入れようと思い、また父親に対して強い対抗心を抱くという、幼児期においておこる現実の状況に対するアンビバレントな心理的抑圧のこと（「主／客」未分化状態にある母子の原初的な関係が、父＝主体の介入によって切り裂かれ、母が自分のものではなく、父のものであったことを知らされた子が、父に対して嫉妬しながらも、自らも父の男根と同化したいという願望を抱くようになり、父に倣って「主体化」していくようになる、というもの）。

　　　　分裂者は、境界線〔極限〕を、分裂〔線〕をのりこえたのである。
　　　　　　　　　　　　　　　　　（ドゥルーズ＝ガタリ1972＝1986：164）

　つまり、大半の人はこの境界線を乗り越えられず、エディプス化されてしま
う。それに対し分裂者は、この境界線を乗り越え、エディプス化を逃れたので
ある。

　　　　かれらは、身振りをたえず新たに生みだしてゆかなければならない。ま
　　　さしく、このような人間は、自由で責任のない、孤独で陽気な人間として
　　　現われてくる。最後には、かれは、他人に許可を求めることなしに自分自
　　　身の名において単純なるあることを語り、単純なるあるものを生みだすこ
　　　とのできる人間となるのだ。〈何ものをも欠如しない欲望〉や、〈障碍物や
　　　コードをのり越える流れ〉や、〈もはやいかなる自我をも指示しない名前〉
　　　といったものを語り且つ生みだすことのできる人間となるのだ。
　　　　　　　　　　　　　　　　　（ドゥルーズ＝ガタリ1972＝1986：164）

　分裂症者でない人は、欲望がエディプス化によって置き換えられ、コード（資
本主義の規律）を乗り越えることができないが、かれら（分裂症者）は、「欠
如」のない欲望を、コードを乗り越える流れを、自由で責任のない孤独で陽気
な人間を語り、それを生み出すことのできる創造的な人間となるのだ、とドゥ
ルーズ＝ガタリは述べている。
　本節の冒頭で述べた「ノンフェール」が賛ずる、「ドゥルーズやその思想を共
有する人たちの『病』が新しい時代と新しい人間の先駆けであるという思想」
は、『アンチ・オイディプス―資本主義と分裂症―』による上記のことをいって
いるのではないかと考える。つまり、彼ら（「ノンフェール」とドゥルーズ＝ガ
タリ）が目指すことは、欲望のあるべき姿を示す分裂症者に続き、内側から欲
望の流れを解放することで現代資本主義社会を自壊させ、新しい時代を迎える
ことである。

「哲学の時間」や「言葉のデッサン」[12] は、既成の枠組みを壊して新しい時代や人間を待ち望む者たちの大いなる試みであった。当然それは、「倒錯者」といわれる「正常な者たち」への挑戦でもあったのだ。

（ディファレンシャルNo.31）

3-4. 『羊飼いのいない群』―「ノンフェール」の目指す光景―
3-4-1. パストラル権力と羊飼い

　本節では、「パストラル権力」の起源と変容、そして国家との結びつきを記述し、次に「ノンフェール」が目指す「羊飼い（＝統治者）」のいない群れについて記述する。

　　　フーコーは、国家の中央集権化への進展とは対立する権力関係を考える。（……）国家を「集中化する権力の政治形態」と規定し、それに対立する権力諸関係を「個人化する権力」とし、「パストラ」とよぶ。「羊飼い」「司牧」「牧人」の体制という意味である。（山本1991：215）

　山本（1991）によると、フーコーは、キリスト教の中に引き継がれた羊飼いという比喩のテーマを4点にわたって整理している。

(1) 羊飼いは、土地にたいしてよりもむしろ「群れ troupeau」にたいして権力を行使する。
(2) 羊飼いは、その群れを、「集め rassemble」、「導き guide」、「案内する conduit」。
(3) 羊飼いの役割は、群れの「救済 salut」を確証することである。
(4) 権力の行使は「義務 devoir」であるという考えである。（自分の群れのためなら何でもやってのける。群れが眠っていても「見つづける veille」）。

---

12)「ノンフェール」で行われている取り組み。

　「見つづける veille」とは、第1に、食べ物の世話をしてやり眠っている群れのために、行動し、働き、努力すること、第2に、群れから目を離さずに、いかなる者も見失わないように、全体かつ細部にわたって自らの群れを認識し、すべての者に注意をむけることである（山本1991:216-217）。

　これについてNさん（「ノンフェール」の運営者）は、「常に自分たちを見守ってくれていると感じながら導かれる羊たちは、あのパノプティコン[13]の中心に置かれた『羊飼いの杖』に意識化できないほどに依存している。そして、『その杖は両者を結ぶ絆などではなく、群れを安全に管理し、頭数（人口）を適正に確保する技術、群を豊かにするための政治手法でこそあったのだ。』」（「心の枠と柳」p.26）と述べている。まさにこの「羊飼いの杖」がパストラス権力の象徴である。

　山本（1991）によると、フーコーは「〈性〉と権力」において、羊飼い的なものの組織がキリスト教社会でどのように進んだかについて、3点挙げている。

(1) 救済が選択の自由でなくなり、救われることが義務づけられた。救われるために全力を尽くすことを強制する権威がパストラル権力にそなわった。

(2) この義務づけられた救いは、他者の権威をうけいれてはじめて果たされる。つまり、救済のために、羊飼いは、個人の行動をすべて知り、監視し、たえざる監視と管理を個人の行動に及ぼす。一人ひとりの行為すべてが、羊飼いによって知られねばならず、少なくとも知られうることであり、羊飼いは個人と共同体にたいして権威をもち行為の善し悪しを言うことができる。

(3) 羊飼いは、自分の決断に基づいて他者にたいして「絶対の服従」を要求できるようになった。こうして、羊飼いは、羊の群れのメンバーの一人ひとりが行っていることをすべて、「あらゆる瞬間に知っていると同時に、彼らを内部から、心のなか、魂のなかで、個人の深層の秘密

---

13) J・ベンサムが考案した監獄のモデルである一望監視施設。M・フーコーが著書『監獄の誕生』において、これを少数の権力者が多数の個人を監視する近代の管理社会に例える。

の部分で生起していることをすべて知っていなければならない」のである。（山本1991：223-224）

　つまり、この「象徴権力（『羊飼いの杖』）の下で、人々が『自発的に』服従する倫理と一望監視システムが確立され」（「心の枠と枷」p.21）、「羊飼いの杖」はこの社会の只中に「生きさせる権力」（生政治）として働いている。

　　　「羊飼いの杖」のもとで生きる者、これこそが目指すべき「人の十全な姿」なのである。したがって、「羊飼いの杖」が何のためにあるのか、それに関するラディカルな問いはただちに昇華する。人間が人間であるためのアプリオリな指標、人間の〈生〉以前に不可侵に在る絶対前提としてのみ、「羊飼いの杖」はあるのだ。それこそが「羊飼いの杖」という象徴の有する制定の権力である。（「心の枠と枷」p.26）

　　　結局のところ、何故支配の権力が存在するのかに触れもせず、「この世界には権力者（王）が存在する」というストーリーだけが、疑いようのないリアリティとなる。（ディファレンシャルNo.17）

　Nさんは「心の枠と枷」の中で、「『羊飼い』のいない群れのイメージをどのように映し出すことができるのか」という問いを立て、「5000人の供食」「4000人の供食」と呼ばれている福音書に書かれたイエス＝キリストの奇跡の物語をもとに、そのイメージを記述している。最後に「ノンフェール」がイメージする「羊飼いのいない群れ」について述べたい。

3-4-2.「羊飼いのいない」光景

　「5000人の供食」「4000人の供食」[14] と呼ばれているイエスの奇跡の物語は、イエスとその活動を囲むユダヤ社会から疎外された「穢れた民」（多くは「悪霊に取りつかれた」病と貧困に苦しむ人々）としてのスティグマを負っている人々との食事の一場面を描いたものである。

14）マルコの福音書第６章32節から44節／マタイの福音書第14章13節から21節／ルカに福音書第９章10節から17節にある。

　それは大体こんな話である。ある時、イエスの治癒行為や救いを求めて集まる大勢の人たちが後を絶たず、いつまでも解散できないことがあった。そのうち時間も経っていき、そろそろ食事をとらねばということになるのだが、その場にいる群衆の口を満たすだけの食糧は持参していなかった。あるのはパンが数個、魚が少し。それでもみんなで食べようということになった。そこで、人々が並ぶように座り、端から食べ物を回していくうちに、不思議にも食べ物は全員に「食べ飽きる」までいきわたり、あまりものまで出た。(「心の枠と枷」p.27)

　この話はあちこちで伝えられ、伝承の過程や福音書に書かれた段階でさまざまな解釈や主張が上書きされた。そして、その「上書き」の一つに、集まってきた群衆に対する「飼い主のいない羊のような群れ」という形容がある。ここから、本来は「羊飼い」と「羊の群れ」という表象は、無関係に成立していた可能性が考えられる。幸いにもそのように読むことが可能なのだと、「心の枠と枷」では述べられている。

　そして、その上で、そこに出てきた不思議な「食べ物」が、しかるべき生産過程や流通を経ることなく、あたかも群衆の中から湧くようにして出てきた、また、出てくることの可能性と方法について考えるにあたり、そこで賄われた食べ物とは、いったい何であって、また何であるべきなのかという問い立てがされ、記述が続いていく。

　そもそも、「人はパンのみにて生くるにあらず」と言いながら、社会的な成功(富や名声)によらない、異質な生き方を語ったイエスである。そのことは物質的な充足よりも精神的な充足を重んじたものと受け取る向きもあるが、そうではなく「生きる」ことの内容と質の見方をまるで異なる次元に設定したと受け止めることも可能だ。(中略)
　もしそうであるなら、この「大勢の人たちの食事」の場に、どこからもなく湧いて出る食べ物を、超自然的な現象とか精神的な糧の表象ではない方向で描くこともできたはずだ。それは表現・表象の枠の問題ではなく、

思想の問題なのだ。たとえば、群衆自身の内から非「生産」的に創造され、非「消費」的に分かち合われた、生きるための必需品、正真正銘の新たな食糧として考えることだってできたはずだ。少なくとも「ローマ皇帝の肖像の刻まれた貨幣」では交換することができない食糧として。（中略）それが「大勢の人たちの食事」の場面では起きていたのだと。

（「心の枠と枷」pp.28-29）

　そして、このことは現代社会の文脈に置き換えて次のようにも述べられている。

　　今やグローバルに拡大した資本によって流通可能になった「帝国的」労働や消費、商品と生命、欲望と幸福の流通システムが蔓延している。しかし、それらに依存することなく、私たち自身で創造した「（資本とは）交換不可能な食糧」によって、私たちが私たちを養うことができるのだ。

（「心の枠と枷」pp.28-29）

　「そのうえで、ユダヤ教的な群統治の伝統である『羊飼い』という超越的権力が、これらの群にとって必要なのかどうかを、ラディカルに問うこと」（「心の枠と枷」p.29）ができるはずなのだとあるが、おそらくこの群に「羊飼い」は必要ない。そして、この「群衆自身の内から非『生産』的に創造され、非『消費』的に分かち合われた新たな食糧」こそが、散在する生の日常を支える「高度必需品」[15]であるはずなのだと述べている。つまり、「ノンフェール」は、生産と労働のシステムによって交換されることのない高度必需品を自分たちの手で創造する、「羊飼いのいない」光景を目指しているのである。

　　まさしく「帝国」の隙間に寄り集まってきた群衆の、そこでこそ創造的

---

15) 生活の「最低限の必需品」に対して、それだけでなく、もっとこういうものが欠かせない、といういわば「過剰」な、しかし不可欠な要求のこと。2009年のカリブ海グアドループでの44日間にわたる長期ゼネラルストライキを全面擁護する、エドゥアール・グリッサンとパトリック・シャモワゾーが中心となって出された声明文「高度必需品宣言」（中村2011）から引用されている。

にあみだされる非「生産」的、非「労働」的、そして非「消費」的な生の
——「羊飼い」のいない群のゆるやかで不定形な日常であるに違いない。
この光景を作り出すこと、それがわたしたちの実践課題だ。

（「心の枠と枷」p.29）

4. 結びに代えられない

　本稿では、「ノンフェール」における「なにもしない」時間で自分を創造する
とはどういうことかについて述べ、次に「なにもしない」時間で自分を創造す
るという実践が、どのような人間関係や環境のもとで成り立っているのかを述
べた。そして、3節では「なにもしない」実践の根底にある思想をいくつかの
カテゴリーに分けて分析を行い、次のことを記述した。

(1)「社会が自由であるために人が拘束される制度」の枠の中では、管理とサー
　　ビスの対象としてのみ「当事者の主体性」が処理されていく。「ノンフェー
　　ル」では、「なにもしない（＝意味のないことをする）」時間と「芸術性・
　　文学性」（＋その土台に「ノンフェール」の哲学的思想）が自分を創造する
　　ために必要であり、そこでは制度化されたプログラムからは生産されない
　　主体性が創造される、という思想がある。
(2)　意味づけられた秩序の中では、回収不可能なものがある。意味づけられた
　　秩序である福祉（制度）的支援は、全体の調和を優先し回収困難なものは
　　回収せずに切り捨てるが、「ノンフェール」では「意味がないことをする
　　（＝なにもしない）」中で、その回収不可能なものをどうにかする術を探っ
　　ている。
(3)「ノンフェール」のいう「ドゥルーズやその思想を共有する人たちの『病』
　　が新しい時代と新しい人間の先駆けであるという思想」とは、欲望のある
　　べき姿を分裂症者は示していると考え、それにより内側から欲望の流れを
　　解放することで現代資本主義社会を自壊させ、新しい時代を迎えることが
　　できるのではないかという思想を示している。
(4)「ノンフェール」は、福音書の「99匹と1匹の羊」のたとえを、近代の管理

　　社会のたとえであるパノプティコンと重ね、それを批判する。「ノンフェー
　　ル」が作り出したい光景とは、生産と労働のシステムによって交換される
　　ことのない高度必需品を自分たちの手で創造する、「羊飼いのいない」光景
　　である。

　前述の通り本研究では、「ノンフェール」の「なにもしない」実践を軸に論を
展開してきた。しかし、これらは「ノンフェール」のほんのひと部分にすぎな
い。「ノンフェール」は「なにもしない」実践の他にDV、セクハラ被害相談支
援、ひきこもり支援、ギャンブル依存の相談支援、家族関係についての悩みや
不安の相談支援などの活動を行っている。そして、どの活動においても共通し
て言えることが、ポストモダン的思想や聖書を参照しながら実践が行われてい
るということである。つまり、「ノンフェール」とは「なにもしない」実践が卓
越しているというよりは、実践に現代思想や聖書を引きながら自分たちの目指
す方向性を暗に示していくところが最大の特徴であるといえる。本研究でも、
「ノンフェール」の思想をいくつかのカテゴリーに分け分析したが、触れられな
かった部分の方が多い。それだけ詳細で確固とした思想が「ノンフェール」に
はあるのだ。そんなわけで、「ノンフェール」のすべての思想は結べないのだ
が、本研究はここまでである。

【補論の引用文献・参考文献・資料・URL】[16]
荒川幸生，海老田大五朗，大津恵子，中野謙作，野毛一起，山田英津子，横山正美，2016，
　　「501BEANS News Letter」No.1. 501BEANS製作準備委員会.
荒川幸生，野毛一起，山田英津子，横山正美，2015，「言葉のデッサン」『ノンフェール詩』
　　501BEANS製作準備委員会.
ミハイル・バフチン，望月哲男・鈴木淳一（訳），1995，『ドストエフスキーの詩学』筑摩書
　　房.
グレゴリー・ベイトソン，佐藤良明（訳），2000，『精神の生態学』思想索社.
ジル・ドゥルーズ，フェリックス・ガタリ，1972，市倉宏祐（訳），1986，『アンチ・オイディ
　　プス―資本主義と分裂症―：L'Anti-œdipe Capitalisme et schizophrēnie.』河出書房新社.
マリー・ドゥピュセ，2012，「フェリックス・ガタリの思い出」フェリックス・ガタリ（著），
　　杉村昌昭（訳），2012，『精神病院と社会のはざまで：分析的実践と社会的実践の交差路』

16）翻訳のある書籍については原文にあたっていないので、原典書誌は省略している。

水声社.

フェリックス・ガタリ，2008，『三つのエコロジー』平凡社.

金菱清，大澤史伸，2014，『反福祉論―新時代のセーフティーネットを求めて』筑摩書房.

小林繁，2003，「精神障害者の豊かな学びとしての場（トポス）づくり―浦河「べてるの家」
　　の取り組みから―」『明治大学人文科学研究所紀要』52：153-169.

宮沢賢治，1967，「農民芸術概論綱要」『宮沢賢治全集　第十二巻』筑摩書房[17].

向谷地生良，2003，「語りの共同体としての「べてるの家」（特集 共同体の再構築という看護
　　の機能）」『Quality Nursing』9（1）：12-17.

仲正昌樹，2011，『集中講義！日本の現代思想 ポストモダンとは何だったのか』NHK出版.

中村隆之，2011，「「高度必需」とは何か？―フランス海外県からポストコロニアル状況を考
　　える―」『立命館言語文化研究』23（2）：101-111.

野毛一起，2016，「関係性と暴力をめぐる3つの寓話」「501BEANS製作準備委員会」学習会資
　　料．2016年8月6日.

野毛一起，山田英津子，海老田大五朗，横山正美，2016，501BEANSブックレットNo.4『心
　　の枠と枷』501BEANS製作準備委員会.

野毛一起，山田英津子，2015，「ディファレンシャル」No.17，ノンフェール・くらねぇ.

野毛一起，山田英津子，2015，「ディファレンシャル」No.19，ノンフェール・くらねぇ.

野毛一起，山田英津子，2015，「ディファレンシャル」No.22，ノンフェール・くらねぇ.

野毛一起，山田英津子，2015，「ディファレンシャル」No.28，ノンフェール・くらねぇ.

野毛一起，山田英津子，2015，「ディファレンシャル」No.31，ノンフェール・くらねぇ.

斎藤環，2015，『オープンダイアローグとは何か』医学書院.

杉村昌昭，2012，「フェリックス・ガタリと制度論的精神療法：制度と主観性をめぐって」フェ
　　リックス・ガタリ（著），杉村昌昭（訳），2012，『精神病院と社会のはざまで』水声社.

山本哲士，1991，『フーコー権力論入門』日本エディタースクール出版部.

浦河べてるの家，2002，『べてるの家の「非」援助論』医学書院.

荒井祐樹．2012．「生き延びるための「障害」―― ルポ「支援する言葉」たち」『SYNODOS
　　ACADEMIC JOURNALISM』〈http://synodos.jp/welfare/1903〉．2016年6月12日.

べてるねっと．jp.〈http://bethel-net.jp/betheltoha.html〉．2016年6月25日.

NPO地域生活相互支援 大山田ノンフェール・くらねぇ〈http://kuranee.blog136.fc2.com/〉．2016
　　年6月27日.

厚生労働省．障害福祉サービスの内容.〈http://www.mhlw.go.jp/stf/seisakunitsuite/bunya/
　　hukushi_kaigo/shougaishahukushi/service/naiyou.html〉．2016年7月8日.

熊谷晋一郎，2012，「ゆらぐ身体から考える　第7回〈ゆらぎ〉と〈痛み〉、〈依存〉と〈自立〉
　　前半」（http://matogrosso.jp/yuragu/yuragu-07.html）2016年6月27日.

[17）青空文庫でも読むことができる。

【解説と使われ方】

1. 解説

　補論「ゆがんだ麦を植える人たち」は、筆者の指導のもとで今井優美が新潟青陵大学へ提出した平成28年度卒業研究を、今井本人が大幅に改稿したものである。本書を出版するにあたり、この論考を本書に収録したいと思い、今井と栃木県のNPO法人大山田ノンフェール・くらねぇ（以下「ノンフェール」写真1参照）に連絡をして収録の了承を得た。両者には記して感謝の意を表したい。

写真1　ノンフェール

　「ノンフェール」は現在、2010年廃校になった元栃木県那珂川町立大山田小学校を借りて、相談支援、自立訓練、日中一時支援に関する活動をしている。この地域は小学校が廃校になる程度には人口減、特に若年層の不在という、日本全国と同じ課題を抱えている。栃木県那珂川町には、障害福祉サービスとして相談支援が「ノンフェール」を含めて4事業所、生活介護が1事業所、就労移行支援が1事業所、就労継続支援B型が1事業所ある。

　ここでは補論を本書に収録した三つの理由を述べようと思う。障害者雇用などの研究をしていると、必ずと言っていいほど頂戴する批判が「障害者を無理に働かせなくてもよいのではないか」というものである。これは、方向性としてはノンフェール・くらねぇの主張にも通じるものがある。そして実際のところ、筆者である海老田もそのように思っている。しかしながら、「障害者を無理に働かせなくてもよいのではないか」という指摘は、本書のような研究に対して向けられているとしたら、そもそも筋違いである。というのも、「障害者雇

用・就労支援、障害者福祉を可能にするデザインの記述」は、「障害者であって
も働いたほうがよい、働くべきだ」という主張をしているわけではない。本書
を最初から最後まで読んでいただければわかることだが、筆者自身はこのよう
な主張を一切していない。他方で、善意からくる（悪意からくるものは論外な
ので相手にしない）「障害者を無理に働かせなくてもよいのではないか」という
心配りが、結果的には障害者を労働現場から排除し、結果として障害者を差別
することに加担することも十分にありうると思う。つまり筆者は、学術研究活
動のなかで、「障害者であっても働くべきだ」「障害があるなら働かせるべきで
はない」といった両極の規範的主張をするつもりがないのである。ただし、そ
うは言ってもこれだけ「障害者雇用・就労支援」の擁護とも受け取られる記述
を並べれば、「障害者を無理に働かせなくてもよいのではないか」と指摘したく
なる気持ちもわからなくはない。実際のところ、筆者自身、障害者が働くため
にはデザインが必要であると思っているし、そのようなデザインを目の当たり
にすると「これはすごい」と感動する。障害があっても働くことがその人の幸
せ（＝福祉）に結びつくのであれば、大いに働いたらよいと思う。そしてこの
ような感動が、筆者の記述のなかから読み取られることも十分にありうる。そ
こで補論を収録することで、本書が「障害者であっても働くべきだ」という主
張をしていると受け取られないために、予防線をはったのである。これが補論
を収録した第一の理由である。

　ところで、「障害があるなら働かせるべきではない・働かなくてもよいではな
いか」という主張は、勤労と納税が国民の義務として課せられている日本にお
いては、多様な難しさを含む。もちろん「すべて国民は、健康で文化的な最低
限度の生活を営む権利を有する」国でもあるので、「働ける／働けない」という
区別自体、生きていく権利を論じるうえでは不要である。そもそもノンフェー
ルは現代社会で生きていくうえで、否が応でも誰に対してであれ「働ける／働
けない」という区別を要請してくる現代社会そのものを批判している。それで
もやはり降りかかってくる「働かないものの生活を守ることは税金の無駄遣い」
という趣旨の難癖に対しては、それなりに理論武装が要請されてしまう。理論
武装でもしないとただただ袋叩きにあってしまうからだ。この「働かなくても
よいではないか」と主張するための「ノンフェール」の理論武装と、それを記

述した今井の論考は相当の成果であると筆者は思っている。そして同時に、この文章を公刊することで世の中に本論考の意義を問い、議論を喚起し、批判されることを待たなければならないとも考えていた。これが補論を収録した第二の理由である。

　「ノンフェール」が借りている廃校になった小学校の教室一つ一つが、織物活動、ステンドグラス活動、染め物活動、ビリヤード、ダンス、音楽鑑賞など、屋外では農業や養蜂など、それぞれの活動ができる場所としてデザインされている。補論で「ノンフェール」を、「『なにもしない（＝意味のないことをする）』時間と『芸術性・文学性』（＋その土台に「ノンフェール」の哲学的思想）が自分を創造するために必要であり、そこでは制度化されたプログラムからは生産されない主体性が創造される」「『ノンフェール』が作り出したい光景とは、生産と労働のシステムによって交換されることのない高度必需品を自分たちの手で創造する、『羊飼いのいない』光景である」と今井がまとめたが、これらのような思想に基づき、那須地人協会のような労働と芸術・文化の見直しを中心にした地域活動や、精神障害者の日中活動プログラムがデザインされている。つまり、本書のアプローチに引き付けていうならば、これらの実践は失われた主体性を創造するように、あるいは現代資本主義体制を乗り越えるようにデザインされているということになるのかもしれない。「ノンフェール」のように「芸術性・文学性」を精神障害者たちの生活に取り入れる実践のあり方を考えてみたい。その契機を提示してみたい。これが補論を収録した第三の理由である。

2.　使われ方

　この「ノンフェール」が、2017年４月末に、一部の地域住民と町役場の職員によって追い出しをかけられた。現在使用している廃校となった小学校を今後使わせないと言ってきたのである。「あそこは何をしているのかわからないと地域住民が不安がっているから」という理由である。自分たちの理解の及ばないものへの不安からくるクレイムなのだろう。確かに「ノンフェール」は、就労支援をしているわけではなく、芸術創作活動や農業をやり、やたらと小難しい機関紙を発行するので、支援内容や施設の理念がわかりやすくはない。

　この文脈で重要な役割を果たしたのが、この「ゆがんだ麦を植える人たち」である。「ノンフェール」が栃木県庁に提出した二つの書類のうち、一つが「ゆがんだ麦を植える人たち」だったのである。しかも、この施設の関係者が言うには、この卒業研究は栃木県庁に訴えかけるのにものすごく効いたとのことであった。いくらわかりにくい支援実践とはいえ、一人の大学生がそれなりに理解できて卒業研究論文を書いたのだから、「ノンフェール」の目指している文学性や芸術性を中心とした活動の高尚さは十分に理解可能であることが、きれいに裏付けられたわけである。「ノンフェール」側も、かわせみ珈琲店（写真2）を週に3日開店するなど、地域に開かれた活動を試みている。理解実践をあるがままに記述することで、ある精神障害者支援施設を救ったのだ。

写真2　かわせみ珈琲店の扉

あとがきと謝辞

　筆者がなぜこのラグーナ出版から本書を出版することになったか、不思議に思う読者もいるだろう。はっきりいえば筆者自身もなぜこのようなことになったのか、いまだによくわかっていない。偶然のようでもあり必然のようでもある。筆者は仙台市で生まれ育ち、大学と大学院および最初の就職は東京都、現在は縁もゆかりもなかった[1] 新潟市にいる。この時点で筆者はすでに結構な距離の東日本圏域を移動しているのだが、ラグーナ出版のある鹿児島市には親類縁者はおろか、友人知人のレベルでさえお互いに面識ある人間は一人もいなかった。鹿児島市に初めて足を踏み入れたのも、出版企画が認められ、筆者がラグーナ出版へ挨拶に伺ったときであった。つまり鹿児島市とは、人生において旅行や出張ですら訪れたことのない未踏の地であった。微かに縁を感じると言えば、筆者が在住している新潟の「新」「潟」をそれぞれ英語にすると New Lagoon、イタリア語であれば Nuovo Laguna、つまり「Laguna ラグーナ」つながりという、ほとんど駄洒落レベルの水準においてである[2]。

　これらが偶然の出会いだと言いたくなる理由だとすれば、必然の出会いであると言いたくなる理由は、まさにラグーナ出版が障害者就労継続支援Ａ型の施設であるという事実にある。筆者には、本書の１章および２章、ならびに４〜６章の元となる論文が公刊された時点で、これらの論文を一冊の書籍にまとめたいという思いがあった。「障害者福祉のデザインについての研究書」である以上、障害者雇用に力を入れている出版社から出版する、就労支援施設に印刷を依頼するなど、製本や出版場面においても、何らかのかたちで障害者雇用あるいは障害者の就労支援に貢献したいと思っていた。出版というパフォーマンス自体も、障害のある人たちの福祉に最適化されたかたちで成し遂げたいと考え

1）　人生で初めて新潟市に足を踏み入れたのが、忘れもしない新潟青陵大学の採用面接の時であった。

2）　駄洒落レベルであるが、この「ラグーナつながり」の話をラグーナ出版の川畑社長にしたところ、たいへん喜んでくださった。坂本（2011：160-161）によれば、「ラグーナ」という名称に強くこだわったのが、他ならぬ川畑社長であった。「つながり」を含意する「ラグーナ」が、筆者と出版社のつながりを表象したのである。

ていたのである。そんななか出会ったのがラグーナ出版であった。より具体的には坂本光司（2011）の『日本でいちばん大切にしたい会社3』という、非常に著名なシリーズ本のうちの1冊のおかげで、ラグーナ出版を見つけることができたのである3)。

「病院に通院している人や退院した人とともに、社会のなかで、地域のなかで何か役割を見つけよう」と考える森越会長と川畑社長が設立したラグーナ出版は、出版社であると同時に主に精神障害者の就労継続支援施設でもある。障害者雇用に携わったり、障害者雇用を研究する人間にとっては半ば常識ではあるが、身体・知的・精神（発達含む）の三障害の中で、最も就労が困難だと言われているのが精神障害だ。精神障害者は一般企業に採用されたところで、長く定着するのが難しいとされている。にもかかわらず、ラグーナ出版を辞める人がほとんどいない（坂本2011：155）。その理由を坂本は「医師である森越会長や精神保健福祉士の川畑社長が的確なフォローができるからだ」（2011：155）と推測している。

他方で、的確な医療関係者や福祉関係者の支援を受けているのは、ラグーナ出版だけではないだろう。離職者を出している企業でも、（それなりであるかもしれないが）医療的福祉的支援がないわけではない。つまり、「的確な医療的福祉的支援」だけでは、ラグーナ出版の離職者の少なさを説明しきれない。「障害者福祉をデザインから考える」本書の切り口からすると、「ラグーナ出版には、精神障害者の就労継続を可能にするデザインがあるのではないか」という問いが立つ。そこで3章では精神障害者の「労働時間のデザイン」にポイントを絞り込み、ラグーナ出版の支援実践について考察した。

本書出版に際し、とりわけ川畑社長からはたくさんの有益なコメントをいただいた。学術出版において、編集者が学術出版のゲートキーパーとして機能しなくなったとささやかれる時代である。本書をこのラグーナ出版から上梓できたことは、筆者にとって僥倖であった。突然の企画書の持ち込みから始まり、工程表から大きく外れた執筆ペースだったにもかかわらず、窓口となった川畑

---

3) ラグーナ出版の沿革などについては、この本と坂本光司編『幸せな職場のつくり方：障がい者雇用で輝く52の物語』などに詳しい。

社長や編集部で精神保健福祉士の内聡子支援員は（本当は言いたかったと思うのだが）嫌みの一つも言わず、待ち続けていただいた。ラグーナ出版のモットーである「あせらず　ゆっくり　確実に　健康に」に、便乗した執筆ペースになってしまった。森越まや会長、川畑善博社長をはじめとするラグーナ出版のみなさまに感謝申し上げる。本書がみなさまの福祉に、何らかの貢献となっていれば幸いである。なお、本書の表紙カバーは、新潟県南魚沼市立総合支援学校（MSG）のMSGアートクラブに依頼している。MSGアートクラブとは南魚沼市立総合支援学校より生まれた放課後クラブ活動で、子どもたちの主体性に合わせた教えないアートクラブである。地域、保護者、学校という三つの力を合わせ、子どもたちが創作を通じた自己表現ができる環境づくりを目指している。貴重なお時間と労力を費やしていただいたMSGアートクラブのメンバーと牧野謙司に感謝申し上げる。

　本研究は、調査協力いただいた支援現場の人たちなしで成立することはありえなかった。調査協力いただいた会社、福祉事業所、支援者、会社の同僚のみなさまに感謝申し上げる。なお、誤解のないように記さなければいけないこととして、本研究にご協力いただいた関係者は、本書に登場する方々の10倍以上は確実に存在する。つまり、調査協力いただきながら、チャプターで取り上げることができなかった支援実践は多数あるということだ。本書で「取り上げる／取り上げない」ケースは、実践として「優れている／優れていない」ケースではありえない。本書で「取り上げる／取り上げない」を決めるのは、まさに本書執筆上のデザインの都合でしかない。調査協力いただいたすべてのケースを取り上げることができないのは心残りではあるが、筆者の研究生活は、天寿を全うできるならばまだ30年くらいは残されていると思う。どこかでまた調査協力をお願いし、実践に寄生しながら記述することが十二分にありえる（し、実際に別の研究プロジェクトへの調査協力者としてすでに動き出しているものもある）。勝手ばかりを申して恐縮だが、そのときはまた関係各位よりご指導ご教示賜りたいと思っている。

　共同研究者として本研究を励ましつづけてくれた同僚である新潟青陵大学の

178

藤瀬竜子と佐藤貴洋、秋田大学の前原和明、国際医療福祉大学の野﨑智仁、作新学院大学の牧裕夫に感謝申し上げる。本書に収録された研究の中には、初出としては共著として公刊しているものも少なくない。本来であれば、本書も共著として出版できればよかったのだが、諸般の事情により単著として出版させていただくことになった。初出の共著論文を単著に収録許可してくれたみなさまに感謝申し上げる。なお、初出の共著論文は筆者の責任のもとで大幅に追記、改稿されており、章によってはほとんど原型をとどめていない。共同研究者に分担執筆していただいた箇所は、本書収録の際にはほぼ使用していない。

　本書を執筆するにあたり、元の論文となったものの一部は、社会言語研究会、新潟教育福祉心理研究会でピアレビューを受けている。このピアレビューなしには元論文を公刊されることも、本書が出版されることもありえなかった。全員の名前を挙げることは不可能なのだが、学部時代からの指導教員であった成城大学の南保輔、岡田光弘、酒井信一郎、常盤大学の西澤弘行、明治大学の鈴木雅博、千葉大学大学院の三部光太郎、沖縄県立芸術大学の城間祥子、筑波大学大学院の秋本光陽と佐藤知菜、上智大学の澤田稔、立教大学大学院の今井聖、（元）新潟青陵大学の今井優美、酒井りさ子、二瓶遥、伊東百合子、間島千夏、矢沢友里乃、海老田ゼミに所属していたすべてのゼミ生たちに感謝申し上げる。

　本書は元論文の調査や執筆期間から考えると、ちょうど9年くらいのスパンで書かれた。この間、筆者の研究に大きな影響を与えたのが『概念分析の社会学2』（2016年にナカニシヤ出版より上梓）出版準備研究会である。この研究会の直接の成果物はこの本の13章に収められている「柔道家たちの予期を可能にするもの」であるが、同時期に調査研究がなされていた本書についての、直接的にも間接的にも大きな示唆を得られることになった。この本の編者である酒井泰斗、浦野茂、前田泰樹、小宮友根、中村和生には、この本の執筆にお誘いいただいた学恩をいまだに、そして常に感じている。この出版準備研究会でともに議論した共著者のみなさまに感謝申し上げたい。また、この間『ワークプレイス・スタディーズ』（2017年にハーベスト社より上梓）、『コミュニティビジネスで拓く地域と福祉』（2018年にナカニシヤ出版より上梓）にも筆者は寄稿し

ている。同じくそのときの議論が本書執筆に大きな示唆を与えてくれた。『ワークプレイス・スタディーズ』の編者である水川喜文、秋谷直矩、五十嵐素子と共著者のみなさま、『コミュニティビジネスで拓く地域と福祉』の監修者である諫山正、編者である平川毅彦と共著者のみなさまに感謝申し上げる。

　2015年12月25日には、京都大学で開催された京都大学デザインスクールでの講演[4]に、演者として招かれた。お招きいただいた京都大学の山内裕および関係者であった平本毅、佐藤那央に感謝申し上げる。本書の骨格があの講演で固まったことは間違いない。また、オーディエンスには奈良市の障害者支援事業所である「ぷろぼの」のみなさま、有限会社リンク・コミュニティデザイン研究所の由井真波など多くの方々がいらっしゃっていた。「ぷろぼの」の桑村則夫支援員は、この講演の内容について、自らのブログ[5]で的確にまとめ、公表している。障害者支援に直接携わっている桑村のこのエントリは、筆者を大いに勇気づけた。自分の考えていることが、障害者福祉の現場で働くみなさまにも伝わるという確信を得たのである。

　本書6章の執筆にあたり、貴重なケースを報告いただき、本稿でのデータ使用に許諾をいただいた大澤紀樹、岡田晃、長尾聡の3名、この研究のもとになった基調講演の演者として筆者を招聘いただいた武田文子と田中順、当日会場に来場されたみなさまに感謝申し上げる。筆者を障害者福祉分野の研究者として育ててくれたのは、新潟の障害者福祉関係各位や、新潟市障がい者雇用支援企業ネットワーク "みつばち" のメンバーをはじめとする障害者雇用にかかわるみなさまである。

　千葉大学大学院の三部光太郎には、本書「はじめに」と終章、および序章か

---

4)　このときの講演の記録については、京都大学デザインスクールのHPで確認することができる。（http://www.design.kyoto-u.ac.jp/event/forthcoming/6757/）

5)　「2015-12-25（前編）障害者の「働く」をデザインする＠京都大学」（http://yuu-nagashima.hatenablog.com/entry/2016/01/02/050435）
　　「2015-12-25（後編）障害者の「働く」をデザインする＠京都大学」（http://yuu-nagashima.hatenablog.com/entry/2016/01/02/175152）

ら6章の下読みをお願いした。三部はエスノメソドロジー・会話分析の研究者であり、三部自身も相談援助の研究を進めているため、ご多用のところ無理を言って本書の下読みをお願いした次第である。そして、たいへん重要なコメントを多数いただいた。三部のコメントをそのまま用いている箇所も多数ある。本書が公刊に耐えうるのは、ほとんど彼のおかげである。とはいえ、本書に疵瑕などがあった場合、その全ての責任が筆者に帰せられることは言うまでもない。

2011年4月より新潟で始まった生活を支えてくれている家族（妻智子と息子和慶と猫のマリとケイ）と新潟青陵大学、遠くから支えてくれている父保夫と母純子、研究生活を支えてくれている新潟青陵大学・新潟青陵大学短期大学部図書館に感謝申し上げる。

本研究は、新潟青陵大学共同研究費（平成25年度採択研究代表者：藤瀬竜子、平成26年度採択研究代表者：海老田大五朗）、JSPS科学研究費補助金（平成27年度若手研究（B）：課題番号15K17229；研究代表者：海老田大五朗）、（2019年度若手研究：課題番号19K13953；研究代表者：海老田大五朗）、（2019年度基盤研究（B）：課題番号19H01567；研究代表者：水川喜文）の助成を受けた研究成果の一部である。また、本書出版に際し、2020年度新潟青陵大学共同研究費（出版助成）を受けた。

本書に収録された初出などは以下のとおりである。ただし、すべての章が改変、加筆修正されており、左記のように各章と初出がきれいに対応していない。章によっては原形をとどめていないこともある。

はじめに：書き下ろし
序章：書き下ろし
1章：海老田大五朗，藤瀬竜子，佐藤貴洋，2015，「障害者の労働はどのように「デザイン」されているか？：知的障害者の一般就労を可能にした方法の記述」『保健医療社会学論集』25(2)：52-62.

2章：海老田大五朗，佐藤貴洋，藤瀬竜子，2017，「障害者が使用するミシンのデザイン：協働実践としてのデザイン」『新潟青陵学会誌』9(1)：33-43.

3章：書き下ろし

4章：海老田大五朗，野﨑智仁，2016，「地域のストレングスに基づいた就労支援のデザイン ——カフェ H のエスノグラフィ——」『新潟青陵学会誌』8(3)：29-38.

5章：佐藤貴洋，海老田大五朗，藤瀬竜子，2014，「障害者雇用の固有性としての企業と障害者家族の関わり」『新潟青陵学会誌』7(1) 47-56

6章：海老田大五朗，2018b,「意思決定支援における常識的知識とオーサーシップ」『新潟青陵学会誌』11(1)：1-12.

終章：書き下ろし

補論：今井優美，2017，「ゆがんだ麦を植える人たち：廃校を利用した精神障害者施設ノンフェールの「何もしない」」新潟青陵大学看護福祉心理学部福祉心理学科.

（敬称略）

引用文献

安部省吾，2003，『知的障害者雇用の現場から：心休まらない日々の記録』文芸社.

安部省吾，2005，『知的障害者雇用の現場から［2］：働く喜び，自立する若者たちの記録』文芸社.

秋風千惠，2013，『軽度障害の社会学：異化＆統合をめざして』ハーベスト社.

秋谷直矩，2010，「デザインとエスノメソドロジー：領域横断的実践のこれまでとこれから」『認知科学』17(3)：525-535

秋谷直矩，森村吉貴，森幹彦，水町衣里，元木環，高梨克也，加納圭，2017，「「社会的コンテクスト」の記述とデザイン：組織的ワークを支援するソフトウェア開発を事例に」水川喜文，秋谷直矩，五十嵐素子（編），『ワークプレイス・スタディーズ——はたらくことのエスノメソドロジー』ハーベスト社.

秋谷直矩，平本毅，2019，「分野別研究動向（エスノメソドロジー）」『社会学評論』70(1)：43-57.

綾屋紗月（編著），2018，『ソーシャル・マジョリティ研究：コミュニケーション学の共同創造』金子書房.

Biestek, F.P., 1957, The Casework Relationship, Loyola University Press.（尾崎新，福田俊子，原田和幸［訳］，『ケースワークの原則［新訳版］：援助関係を形成する技法』誠信書房，1996.）

Blankenburg, W. 1971. Der Verlust der naturlichen Selbstverstandlichkeit.：Ein Beitrag zur Psychopathologie symptomarmer Schizophrenien. Enke.（＝木村敏，岡本進，島弘嗣［訳］，『自明性の喪失：分裂病の現象学』みすず書房，1978.）

Bloemink, B. J., 2007, Preface, Smith, C. (ed), Desigh for the Other 90%, Smithonian Institution.（＝槌谷詩野［監訳］，北村陽子［訳］，2009，『世界を変えるデザイン：ものづくりには夢がある』英治出版.）

Boyd, E. & Heritage, J. 2006. Taking the History：questioning during comprehensive history-taking. In Heritage, J. & Maynard, D. W. eds. Communication in Medical Care Interaction between Primary Care Physicians and Patients. Cambridge University Press.（＝川島理恵［訳］，「病歴に関して問うこと」川島理恵，樫田美雄，岡田光弘，黒嶋智美［訳］，2015，『診療場面のコミュニケーション：会話分析からわかること』勁草書房.）

Cheverst, K., Clarke, K., Dewsbury, G., Hemmings, T., Hughes, J., Rouncefield, M., 2003, Design with Care：Technology, Disability and the Home. Inside the Smart Home. Springer.

陳麗婷，2009，『知的障害者の一般就労：本人の「成長する力」を信じ続ける支援』明石書店.

Coulter, J., 1979, The Social Construction of Mind：Studies in Ethnomethodology and Linguistic Philosophy. Macmillan.（＝西阪仰［訳］，1998，『心の社会的構成：ヴィトゲンシュタイン

派エスノメソドロジーの視点』新曜社.)

Crabtree A, Rouncefield M, Tolmie P., 2012, Doing Design Ethnography, Springer ;

Dellida, J., 1968, La pharmacie de Platon, Tel Quel 32：3-48, 33：18-59.（「プラトンのパルマケイアー」藤本一勇，立花史，郷原佳以［訳］,『散種』［1972＝2013］法政大学出版局.)

Dewsbury. G., Clarke, K., Randall, D., Rouncefield, M., Sommerville, I., 2004, The Anti-Social Model of Disability. Disability & Society, 19（2）：145-158.

佐藤貴洋，海老田大五朗，藤瀬竜子，2014,「障害者雇用の固有性としての企業と障害者家族の関わり」『新潟青陵学会誌』7（1）：47-56

海老田大五朗，藤瀬竜子，佐藤貴洋，2015,「障害者の労働はどのように「デザイン」されているか？：知的障害者の一般就労を可能にした方法の記述」『保健医療社会学論集』25（2）：52-62.

海老田大五朗，野﨑智仁，2016,「地域のストレングスに基づいた就労支援のデザイン――カフェHのエスノグラフィ――」『新潟青陵学会誌』8（3）：29-38.

海老田大五朗，佐藤貴洋，藤瀬竜子，2017,「障害者が使用するミシンのデザイン：協働実践としてのデザイン」『新潟青陵学会誌』9（1）：33-43.

海老田大五朗，2018a,「ソーシャルビジネス／コミュニティビジネス：2つの概念はどのように区分されてきたか」諫山正（監修），平川毅彦，海老田大五朗（編）,『コミュニティビジネスで拓く地域と福祉』ナカニシヤ出版.

海老田大五朗，2018b,「意思決定支援における常識的知識とオーサーシップ」『新潟青陵学会誌』11（1）：1-12.

海老田大五朗，水川喜文，秋谷直矩，柳町智治，2019,「ダイバーシティ／ワークプレイス研究の論点整理：障害と共に働くこと」第92回日本社会学会大会配付資料.

遠藤美貴，2017,「「自己決定」と「支援を受けた意思決定」」『立教女学院短期大学紀要』48：81-94.

Francis, D. & Hester, S., 2004, An Invitation to Ethnomethodology：Language, Society and Interaction, Sage Publications.（＝中河伸俊，岡田光弘，是永論，小宮友根［訳］,2014,『エスノメソドロジーへの招待』ナカニシヤ出版.)

福井信佳，酒井ひとみ，橋本卓也，2014,「精神障がい者の離職率に関する研究―最近10年間の分析―」『保健医療学雑誌』5（1）：15-21.

古田徹也，2013,『それは私がしたことなのか：行為の哲学入門』新曜社.

Garfinkel, H., 1967, Studies in Ethnomethodology, Prentice-Hall.

Garfinkel, H., 1974, The Origins of theTerm 'Ethnomethodology'. Turner, R. (ed), Ethnomethodology：Selected Readings, Penguin：15-18.（＝山田富秋，好井裕明，山崎敬一［編訳］,「エスノメソドロジー命名の由来」『エスノメソドロジー：社会学的思考の解体』せりか書房，9-18.)

Garfinkel, H. & Sacks, H. 1970. On Formal Structures of Practical Actions. In McKinney, J. C. & Tiryakian, E. A. eds. Theoretical Sociology：Perspectives and Developments. Appleton-

Century-Crofts.

Goodwin, C., 1995, Co-Constructing Meaning in Conversations with an Aphasic Man. Research on Language in Social Interaction. 28(3)：233-60.

後藤吉彦，2009,『「介助者は，障害者の手足」という思想：身体の社会学からの一試論』大野道邦，小川伸彦（編），『文化の社会学：記憶・メディア・身体』文理閣.

橋本理，2007,「地域就労支援の現状と課題：障害者雇用および母子家庭の母の雇用を中心に」『関西大学社会学部紀要』39(1)：1-15.

羽田野真帆，2018,「教員とはそもそも大変な仕事である：教員としての困難さとディスアビリティ」羽田野真帆，照山絢子，松波めぐみ（編），『障害のある先生たち：「障害」と「教員」が交錯する場所で』生活書院.

狭間香代子，2017,「意思決定支援とソーシャルワーカーの実践知」『関西大学人権問題研究室紀要』74：39-61.

Heskett, J., 2002, Toothpicks and Logos : Design in Everyday Life. Oxford University Press.（菅靖子，門田園子［訳］,『デザイン的思考：つまようじからロゴマークまで』ブリュッケ，2007.）

平井康之，2007,「インクルーシブデザインを通じた参加型学習」『計測と制御』46：51-57.

細川瑞子，2010,『知的障害者の成年後見の原理：「自己決定と保護」から新たな関係の構築へ（第2版）』信山社.

池原毅和，2010,「法的能力」松井亮輔，川島聡（編），『概説　障害者権利条約』法律文化社.

池見陽，峰山幸子，高地知子，蓮沢典子，永井智子，2001,「カール・ロジャーズの心理療法論再考：著作Client-Centered Therapyに見る観察事実と概念」『神戸女学院大学論集』48(2)：185-205.

石黒広昭，2001,「アーティファクトと活動システム」茂呂雄二（編著），『実践のエスノグラフィ』金子書房，p.59-95.

石川准，1995,「障害児の親と新しい「親性」の誕生」井上眞理子，大村英昭（編），『ファミリズムの再発見』世界思想社.

石川准，2004,『見えないものと見えるもの：社交とアシストの障害学』医学書院.

Julia Cassim，平井康之，塩瀬隆之，森下静香（編著），2014,『インクルーシブデザイン』学芸出版社.

筧裕介，2013,『ソーシャルデザイン実践ガイド：地域の課題を解決する7つのステップ』英治出版.

筧裕介監修，2011,『地域を変えるデザイン：コミュニティが元気になる30のアイデア』英治出版.

樫田美雄，2019,「いかにして障害者の文化を研究するか：「生活者学的障害社会学」の構想」『現象と秩序』11：21-32.

加島卓，2008,「デザインを語ることは不可能なのか」祖父江慎，藤田重信，加島卓，鈴木広

　　光，『文字のデザイン・書体のフシギ』左右社．

加島卓，2014，『〈広告制作者〉の歴史社会学：近代日本における個人と組織をめぐる揺らぎ』
　　せりか書房．

加島卓，2017，『オリンピック・デザイン・マーケティング』河出書房新社．

Kaufmann, F., 1944, Methodology of the Social Sciences, Oxford University Press.

茅嶋康太郎，吉川徹，佐々木毅，劉欣欣，池田大樹，松元俊，久保智英，山内貴史，蘇リナ，
　　松尾知明，高橋正也，2016，「過労死等防止対策の歴史とこれから：これまでに蓄積され
　　た過重労働と健康障害等との関連性に関する知見」『産業医学レビュー』29（3）：163-187．

川崎市（編），2019，『やさしい雇用へのアプローチ　自治体初！川崎市　週20時間未満の障
　　害者雇用・就労の実践』川崎市．

川島聡，飯野由里子，西倉実季，星加良司，2016，『合理的配慮：対話を開く　対話が拓く』
　　有斐閣．

木口恵美子，2014，「自己決定支援と意思決定支援：国連障害者の権利条約と日本の制度にお
　　ける「意思決定支援」」『福祉社会開発研究』6：25-33．

木口恵美子，2017，「意思決定支援をめぐる国内の論議の動向」『福祉社会開発研究』9:5-12．

木村浩，2002，『情報デザイン入門』筑摩書房．

木下衆，2019，『家族はなぜ介護してしまうのか：認知症の社会学』世界思想社．

桐原尚之，2014，「意思決定支援は支援の理念や方法ではない」『季刊福祉労働』143：55-63．

小林育子，小舘静枝，日高洋子，2011，『保育者のための相談援助』萌文書林．

小松成美，2017，『虹色のチョーク』幻冬舎．

近藤武夫，2018a，「「超短時間」雇用モデル」『ビジネスガイド』55（8）：13-18．

近藤武夫，2018b，「超短時間雇用IDEAモデルの現況について」第9回今後の障害者雇用促
　　進制度の在り方に関する研究会配付資料．

廣尚典，2018，「ストレスチェック制度 実施上の留意点：〜医師面接の実際〜」『行動医学研
　　究』23（2）：82-88．

是永論，2013，「人々における経験に根ざした「情報」へのアプローチ：エスノメソドロジー
　　に特徴付けられたエスノグラフィ」『社会情報学』1（3）：1-9．

河野哲也，2006，『〈心〉はからだの外にある』日本放送出版協会．

河野哲也，2015，『現象学的身体論と特別支援教育』北大路書房．

熊谷晋一郎，2014，「自己決定論，手足論，自立概念の行為論的検討」田島明子（編），『「存
　　在を肯定する」作業療法へのまなざし』三輪書店．

串田秀也，好井裕明（編），2010，『エスノメソドロジーを学ぶ人のために』世界思想社．

Luff, P., Hindmarsh, J., Heath, C. (eds), 2000, Workplace Studies, Cambridge University Press.

Luecking, R. and Hathaway, S. and Dileo, D., 1995, Natural Supports in Action : Strategies to
　　Facilitate Employer Supports of Workers With Disabilities, Training Resource Network.

Lynch, M., 1993, Scientific Practice and Ordinary Action, Cambridge University Press.（＝水川喜
　　文，中村和生監［訳］，2012，『エスノメソドロジーと科学実践の社会学』勁草書房．）

前田泰樹，2007，「行為を理解するとは，どのようなことか」『ワードマップ　エスノメソド
　　ロジー：人びとの実践から学ぶ』前田泰樹，水川喜文，岡田光弘（編），新曜社．

前田泰樹，水川喜文，岡田光弘（編），2007，『エスノメソドロジー：人びとの実践から学ぶ』
　　新曜社．

牧裕夫，2002，「職務分析，課題分析の活用可能性への考察――大手小売り店における知的障
　　害者雇用への試み」『職業リハビリテーション』15：23-30．

真鍋克己，岩藤百香，小田桐早苗，青木陸祐，松本正富，2013，「ビジュアルデザインによる
　　自閉症児向けスケジュールの改善提案」『川崎医療福祉学会誌』22(2)：252-257．

松田行正，2017，『デザインってなんだろ？』紀伊國屋書店．

松本吉郎，2018，「ストレスチェック制度開始後の現状と問題点」『総合健診』45(2)：344-
　　351．

松清あゆみ，吉岡真理，福原宣人，岸田耕二，平井恭順，2019，「超短時間雇用という新しい
　　働き方のデザイン」『日本職業リハビリテーション学会　第47回大阪大会プログラム発表
　　論文集』47-49．

松浦幸子，1997，『不思議なレストラン　心病む人たちとこの街で暮らしたい』教育史料出版
　　会．

松浦幸子，2002，『続不思議なレストラン　君はひとりぼっちじゃない』教育史料出版会．

Merton, R. K., 1949, Social Theory and Social Structure : Toward the Codification of Theory and
　　Research, Free Press.（＝森東吾，森好夫，金沢実，中島竜太郎［訳］，1961，『社会理論
　　と社会構造』みすず書房．）

三鴨岐子，2017，「有限会社まるみ」砂長美ん（監修），『障がい福祉の学ぶ働く暮らすを変え
　　た５人のビジネス』ラグーナ出版．

村田純一（編著），2006，『共生のための技術哲学：「ユニバーサルデザイン」という思想』未
　　來社．

水川喜文，2007，「エスノメソドロジーのアイデア」『エスノメソドロジー：人びとの実践か
　　ら学ぶ』新曜社．

長尾聡，2016，「けやき福祉園就労移行支援事業所：意思決定支援の取り組み」第14回新潟市
　　知的障がい施設連絡会職員研修会配布資料．

中島めぐみ，古川賢一，2015，「飯山赤十字病院における産業保健活動：健康でいきいきと仕
　　事に取り組める職場の環境づくり」『信州公衆衛生雑誌』10(1)：24-25．

長瀬修，1999，「障害学に向けて」石川准，長瀬修（編著），『障害学への招待』明石書店．

新潟県産業労働観光部労政雇用課（編），2012，「新潟県障害者雇用企業事例集2011」新潟県．

西阪仰，早野薫，黒嶋智美，2015，「就労支援カウンセリングの会話分析」『明治学院大学社
　　会学部付属研究所研究所年報』45：21-41．

西阪仰，2018，「会話分析はどこへ向かうのか」平本毅，横森大輔，増田将伸，戸江哲理，城
　　綾実（編），『会話分析の広がり』ひつじ書房．

野毛一起，2018，「匿名の家族集団」『ノンフェールディファレンシャル2018年８月号』．

緒方由紀，2016,「精神保健福祉領域における当事者の意思決定と支援モデル」『福祉教育開発センター』13：85-102.

小川浩，2009,「就労支援とジョブコーチの役割」『ノーマライゼーション2009年4月号』15-17.

小倉昌男，2003,『福祉を変える経営：障害者の月給一万円からの脱出』日経BP社.

岡田晃，2016,「意思決定支援のありかた」第14回新潟市知的障がい施設連絡会職員研修会配布資料.

岡耕平，2012,「「障害者雇用」って本当に必要なの？」中邑賢龍，福島智（編），『バリアフリー・コンフリクト：争われる身体と共生のゆくえ』東京大学出版会.

岡原正幸，1990→2012,「制度としての愛情：脱家族とは」安積純子，岡原正幸，尾中文哉，立岩真也，『生の技法：家と施設を出て暮らす障害者の社会学（第三版）』生活書院.

Oliver, M., 1996, Understanding Disability: From Theory to Practice, Macmillan Press.

大原裕介，2012,「居住支援をどのようにデザインするか」『月間福祉』12：38-41.

大泉溥，2005,『実践記録論への展開：障害者福祉実践論の立場から』三学出版.

大野呂浩志，大竹喜久，柳原正文，藤井聰尚，2004,「一般就労を果たしている知的障害者のやりとり参加に関する実態分析：職場環境との関連性に焦点をあてて」『特殊教育学研究』42(2)：85-95.

大澤紀樹，2016,「入所施設と自閉症と意思決定支援」第14回新潟市知的障がい施設連絡会職員研修会配布資料.

大山泰弘，2009,『働く幸せ：仕事でいちばん大切なこと』WAVE出版.

大山泰弘，2011,『利他のすすめ　チョーク工場で学んだ幸せに生きる18の知恵』WAVE出版.

Platon.『パイドロス』（副島民雄［訳］，1973.『プラトン全集3』角川書店.）

障害者職業総合センター，2008,「障害者に対する職場におけるサポート体制の構築過程：ナチュラルサポート形成の過程と手法」『独立行政法人高齢・障害者雇用支援機構調査研究報告書』85.

Randall, D. and Harper, R. and Rouncefield, M., 2010, Fieldwork for Design, Springer.

Rawsthorn, A., 2013, Hello World：Where Design Meets Life, Penguin Books.（＝石原薫（訳），2013,『HELLO WOLRD：「デザイン」が私たちに必要な理由』フィルムアート社.）

Rapp, C. A.& Goscha, R. J., 2012, The Strengths Model：A Recovery Oriented Approach to Mental Health Services (3rd ed.), Oxford University Press.,（＝田中英樹［訳］，2014,『ストレングスモデル第3版』金剛出版.）

Rogers, C., 1951.Client-Centered Therapy. The Riverside Press.

労働政策研究・研究機構，2007,「若年者の離職理由と職場定着に関する調査」『JILPT調査シリーズ』36.

Ryle, G., 1949→2002, Concept of mind, Chicago University Press.（＝坂本百大，宮下治子，服部裕幸［訳］，1987,『心の概念』みすず書房.）

―――――, 1979, On Thinking, Basil Blackwell.（＝坂本百大，宮下治子，服部裕幸，信原幸弘

［訳］，1997，『思考について』みすず書房．）

Sacks, H. 1963. Sociological Description. Berkeley Journal of Sociology, 8：1-16.（南保輔，海老田大五朗［訳］，2013，「社会学的記述」『コミュニケーション紀要』24：77-92.）

Sacks, H., 1972, An Initial Investigation of the Usability of Conversational Data for Doing Sociology, In Sudnow, D. ed., Studies in Social Interaction, Free Press, 31-74.（＝北澤裕，西阪仰［訳］，1995，『日常性の解剖学［新版］』マルジュ社．）

Sacks, H., Schegloff, E., Jefferson, E., 1974, A Simplest Systematics for the Organization of Turn-Taking for Conversation, Language, 50：696-735.（＝西阪仰［訳］，2010，『会話分析基本論集：順番交替と修復の組織』世界思想社．）

佐伯胖，1995，『「学ぶ」ということの意味』岩波書店．

Saleebey, D. (ed.), 1996, Strengths Perspective in Social Work Practice, Longman.

坂本光司，2008，『日本でいちばん大切にしたい会社』あさ出版．

坂本光司，2011，『日本でいちばん大切にしたい会社3』あさ出版．

坂本光司（編），2014，『幸せな職場のつくり方：障がい者雇用で輝く52の物語』ラグーナ出版．

三部光太郎，2017，「発話デザインに敏感な語りの継続促進：キャリア形成支援カウンセリングにおける情報収集局面の分析から」西阪仰研究室（編），『社会的なるものの基盤としての相互行為　千葉大学大学院人文社会科学研究科研究プロジェクト報告書』；314：50-62.

埼玉県産業労働部就業支援課，2011，「障害者離職状況調査報告書（概要版）」埼玉県．

里見佳香，2018，「再誕を支えるコミュニティ：刑事司法の可能性」諫山正（監修），平川毅彦，海老田大五朗（編），『コミュニティビジネスで拓く地域と福祉』ナカニシヤ出版．

佐藤郁哉，芳賀学，山田真茂留，2011，『本を生みだす力：学術出版の組織アイデンティティ』新曜社．

清水貞夫，西村修一，2016，『「合理的配慮」とは何か？：通常教育と特別支援教育の課題』クリエイツかもがわ．

診断士物流研究会，2003，『物流コスト徹底削減の具体策』経林書房．

Simon, H. 1996. The Sciences of the Artificial (3rd editions). Massachusetts Institute of Technology.（＝稲葉元吉，吉原英樹［訳］，1999，『システムの科学　第3版』パーソナルメディア.）

「障害」の表記に関する作業チーム（編），2010，「「障害」の表記に関する検討結果について」第26回障がい者制度改革推進会議配付資料．

Sirota, D., Mischkind, L. A., & Meltzer, M. I., 2005, The Enthusiastic Employee：How Companies Profit by Giving Workers What They Want, Pearson Educations.（＝スカイライトコンサルティング［訳］，2006，『熱狂する社員』英治出版.）

総理府（編），1995，『平成七年版障害者白書』大蔵省印刷局．

Suchman,L. , 1987, Plans and Situated Actions：The Problem of Human-Machine Communication, Cambridge University Press.（＝佐伯胖，上野直樹，水川喜文，鈴木栄幸［訳］，1999，『プ

ランと状況的行為―人間－機械コミュニケーションの可能性』産業図書.）

須永剛司，1997，「出来事のデザインと人工物の「かたち」」吉川弘之監修，田浦俊春，小山照夫，伊藤公俊（編），『技術知の射程：人工物環境と知』東京大学出版会.

須永剛司，2019，『デザインの知恵：情報デザインから社会のかたちづくりへ』フィルムアート社.

高橋哲也，1998，『デリダ：脱構築』講談社.

田中智子，2018，『家計からみる知的障害者家族の生活：障害・ケア・貧困の構造的把握に向けて』北海道大学大学院博士論文.

立岩真也，1999，「自己決定する自立」石川准，長瀬修（編），『障害学への招待』明石書店.

堤英俊，2019，『知的障害教育の場とグレーゾーンの子どもたち：インクルーシブ社会への教育学』東京大学出版会.

杣山貴要江，2011，『知的障害者雇用における経営の福祉性』白地社.

土屋葉，2002，『障害者家族を生きる』勁草書房.

浦野茂，2008，「社会学の課題としての概念の分析：「構築主義批判・以後」によせて」『三田社会学』13：47-59.

山崎敬一（編），2004，『実践エスノメソドロジー入門』有斐閣.

安井理夫，2003，「バイステックの『ケースワークの原則』再考：ロジャーズのクライエント中心療法との比較を中心に」『同朋福祉』9：67-105.

横塚晃一，2007，『母よ！殺すな』生活書院.

寄藤文平，2017，『デザインの仕事』講談社.

厚生労働省，2015，「障害者の就労支援について」厚生労働省.

厚生労働省，2015，「平成27年障害者雇用状況の集計結果」厚生労働省.（http://www.mhlw.go.jp/stf/houdou/0000105446.html；2015.11.27.アクセス）

厚生労働省都道府県労働局・労働基準監督署，2009，「最低賃金の減額の特例許可申請について」厚生労働省（http://www2.mhlw.go.jp/topics/seido/kijunkyoku/minimum/dl/01-11.pdf；2014.6.9.アクセス）

〈映画〉
是枝裕和監督．2018.「万引き家族」

索　引

■著者プロフィール

海老田大五朗（えびた　だいごろう）

1975年宮城県仙台市生まれ。成城大学大学院文学研究科コミュニケーション学専攻博士課程後期単位取得退学、博士（文学）。現職は、新潟青陵大学福祉心理学部社会福祉学科准教授。専攻は、エスノメソドロジー、保健医療社会学。
主な著書に『概念分析の社会学2──実践の社会的論理』（共著、ナカニシヤ出版、2016年）、『ワークプレイス・スタディーズ──はたらくことのエスノメソドロジー』（共著、ハーベスト社、2017年）、『コミュニティビジネスで拓く地域と福祉』（共編著、ナカニシヤ出版、2018年）、『柔道整復の社会学的記述』（勁草書房、2018年）など。

今井優美（いまい　ゆみ）

新潟青陵大学看護福祉心理学部福祉心理学科卒業。社会福祉士。現在は社会福祉法人新潟カリタス会聖母愛児園に勤務。

デザインから考える障害者福祉
─ミシンと砂時計─

2020年4月15日　第1刷発行

著　　者　海老田大五朗
発行者　川畑善博
発行所　株式会社 ラグーナ出版
　　　　　〒892-0847 鹿児島市西千石町3-26-3F
　　　　　電話 099-219-9750　FAX 099-219-9701
　　　　　URL　http://lagunapublishing.co.jp
　　　　　e-mail　info@lagunapublishing.co.jp

印刷・製本　シナノ書籍印刷株式会社

定価はカバーに表示しています
落丁・乱丁はお取り替えします

ISBN978-4-904380-90-1　C0036
© Daigoro Ebita 2020, Printed in Japan